Esperanza Aplazada

Sophia Elizabeth Lambert

Dedicado a

Este libro esta dedicado a mi magnánimo Señor y Salvador Jesucristo por llévame a través de cada dificultad. Su disciplina me ha convertido en lo que soy hoy. Te amo mi Señor.

Por su inestimable apoyo...

Gracias a la Fundación de Apoyo a las Células Falciformes de Jamaica, su apoyo ha sido inestimable para mí.

A Chantella Morgan Peart, gracias por todo.

Este libro también está dedicado a ti, amigo que lo lees. Confía en que mañana viene y el Señor se ha ido delante de ti a todos tus mañanas trabajando todas las cosas para tu bien. No te preocupes, tu cambio está por llegar.

Animándote

Sophia Elizabeth

ÍNDICE DE CONTENIDOS

INTRODUCCION

¿Alguna vez has sentido que tu esperanza ha sido postergada, o peor aún, que el Señor Dios es completamente inconsciente de todo lo que esperas y rezas? ¿Te has sentido alguna vez decepcionado porque crees que a Dios no le importa lo que esperas?

Esto sentimientos son íntimos para mí porque, durante algunos años en mi camino con Cristo, he sentido que mis esperanzas han sido aplazadas hasta el punto de que se han archivado, e incluso me he olvidado algunas de ellas. Hay que admitir que pueden haber sido archivadas prematuramente porque puedo ser muy impaciente cuando se trata del Señor. Esas esperanzas pueden parecer aplazadas porque he renunciado demasiado pronto a creer que el Señor iba a responder a mis oraciones, o puede que simplemente haya dudado de que lo hiciera.

Otra de mis esperanzas es ser un empresario establecido con múltiples negocios de éxito. Tenía la esperanza de lograr todos mis planes, pero en cambio, esas esperanzas han estado llenas de decepciones debido a mi incapacidad para realizarlas en el pasado. Tal vez fue por la inmadurez para llegar hasta el final, así que me di por vencida, o simplemente por mis propias acciones abandone los negocios y otras metas.

Aplazadas o pospuestas intencionadamente, las cosas que se esperaban parecen estar eternamente en la lista de espera. Me he preguntado si no solo se han retrasado o pospuesto, sino que se han arrojado al mar del olvido.

Mi deseo de casarme es una de las cosas que he esperado. En una conversación con el Señor, le pregunté por qué no me permitió casarme hace anos. La respuesta que me dio fue que El es intencional en todo lo que hace. ¿Qué le dices al Señor cuando te dice que te ha mantenido soltero intencionalmente? O te pones de morros o aceptas su respuesta. Hice ambos. Francamente, esa no era la respuesta que esperaba de Él. Mi expectativa era algo profundo, como, *"Hija mía, te estaba moldeando para una gran obra"*, pero escuchar que era Su intención que yo permaneciera soltera todos estos años no me hizo gracia en ese momento. Aun así, Dios es Dios; ¿quién puede discutir con Él y ganar? Ciertamente no yo. ¿Te suenan familiar mis sentimientos o experiencias? ¿Qué esperanzas tienes que parecen diferidas?

¿Te has sentido alguna vez como Job cuando decía: *" Mi queja sigue amarga; gimo bajo el peso de su mano. ¡Ah, si supiera yo dónde encontrar a Dios! ¡Si pudiera llegar adonde él habita! Ante él expondría mi caso; llenaría mi boca de argumentos"* (Job 23:2-4; NVI). Yo me hago eco de esos mismos sentimientos similares a los deseos de Job . Mi deseo ha sido visitar al Señor en su casa, jala una silla y exponer mi descontento, si tan Él me dijera como llegar allí para poder hacerle saber realmente que la vida aquí abajo en la tierra no es fácil. Le diría: *"Es difícil, así que por favor, escucha y actúa rápidamente cuando clamamos a ti,"* pero no ha aparecido ninguna dirección con las indicaciones para llegar a su casa en el cielo. Así que el viaje continua.

Durante muchos años, fue un reto financiero, y las luchas fueron duras. Ore y ayune sobre esa difícil situación, pero en lugar de una resolución inmediata, se volvió aún más abrumadora. Era tan difícil que sentí que me hundía sin salvavidas. Nada de lo que intente produjo el avance o el éxito esperado; fue extremadamente difícil. Con todas las oraciones y ayunos, seguía igual. Seguía esperando que "mañana" llegara mi cambio, pero "mañana" se convirtió en otro mes y otro año, y así sucesivamente, volviéndose más evasivo a medida que pasaba el tiempo. Ore y ayune con más ahínco, pero parecía que el gigante no se doblegaba. A pesar de esto, somos llamados a ser implacables, así que me aferre persistentemente al Señor y libre una guerra contra ese espíritu de insuficiencia. Como resultado de mis desafíos, he aprendido que hay una postura que debemos tener al pasar por nuestras pruebas. Esa postura debe ser correr hacia el Señor, no alejarse de Él, y nunca debemos cansarnos.

Me gusta lo que dice Hebreos 4:16 (NVI): *"Así que acerquémonos confiadamente al trono de la gracia para recibir misericordia y hallar la gracia que nos ayude en el momento que más la necesitemos.."* De ahí viene nuestra ayuda, así como de donde se autorizan nuestros desafíos. Hemos de soportar nuestras dificultades, sabiendo que nuestra victoria es segura. Debemos confiar en el Señor para que lo haga de acuerdo a su voluntad para nuestras vidas, porque solo Él tiene el proyecto original. En esta vida, para todos, especialmente para los santos de Dios, la perseverancia es una disciplina que debemos aguantar porque nos hace maduro y completo. Santiago 1:12 (NVI) nos asegura que hay una bendición en perseverar bajo la prueba, porque una vez que hayamos superado la prueba, recibiremos la corona de la vida. Esa es la promesa de Dios para nosotros, y sus promesas son inquebrantables.

Por favor, recuerda que la vida viene con muchos desafíos, y parece que su intención es hacernos o rompernos. Dios usa los desafíos como sus herramientas para moldearnos para ser más como Él. Se lo dolorosos que pueden ser, pero el sufrimiento sirve para muchos propósitos en nuestras vidas. Se usa para trabajar en diferentes cosas en nuestras vidas, una de las cuales es quitar lo que no glorifica a Dios. Otra es la de acompañar Su voluntad en nuestras vidas para que podamos avanzar en el Reino de Dios. O nuestras respuestas a esta herramienta nos moldearán para convertirnos en mejores personas, o podemos permitir que nos amargue. El dolor es parte del plan de Dios en nuestras vidas, y Él lo utiliza. Este pensamiento desafía tus creencias, ¿no es así? Tal vez pienses que *"Oh, Dios nos ama demasiado para permitir el dolor en nuestras vidas"*, pero la verdad es que Él nos ama hasta el punto de permitirnos soportar algunas dificultades y cosas horribles. Leo en 1 Pedro 3:7 y 1 Pedro 4:19 que es la voluntad de Dios que suframos, incluso por el bien que hemos hecho, y que sigamos haciendo el bien. Sí, Él permite el dolor en nuestras vidas para lograr lo que Él quiere en nosotros. También creo que se utiliza para impulsar el curso de nuestras vidas.

Para mí, estos retos vinieron en los talones de la finalización de este libro. El mundo se ha visto obligado a defenderse de un nuevo virus llamado Coronavirus o COVID-19 para abreviar. Ha estado robando al mundo sus recursos más preciados - nuestra gente- matando y afligiendo a millones de personas. El mundo moderno nunca ha experimentado una plaga semejante como comunidad global. Se siente como si estuviéramos siendo atacados por un enemigo invisible que está tratando de impulsar el miedo y causar un profundo dolor que nunca hemos conocido. Ha habido razones para que las naciones experimenten una profunda angustia. De hecho, para algunas naciones, la angustia es algo cotidiano porque están siendo asoladas por la guerra, lo que hace que miles de personas huyan de sus fronteras. Sin embargo, este virus ha nivelado el campo de juego para todas las naciones, invitándose a sí mismo a muchos países de todo el mundo y obligando a los estados a cerrar sus puertas contra otros. Este extraño está atacando y nos obliga a rechazar a nuestros visitantes por miedo a que él venga de visita. Trae consigo la posibilidad de muerte y dolor para sus inocentes anfitriones. Todas las naciones, tras conocer su ataque a su anfitrión de origen, China, esperaban que no viniera a nosotros, pero nuestras esperanzas no se hicieron realidad. Estoy atento a este desafío para ver cómo unimos nuestras fuerzas contra él como comunidad global. Si somos resistentes y estamos unidos, podemos y venceremos.

Es en los momentos difíciles cuando se pone a prueba nuestro sistema de creencias. He vivido tiempos tumultuosos y me ha parecido un reto dominar la fusión del conocimiento con la experiencia. Hubo días en los que los desafíos eran tan abrumadores que me sentí como Job cuando le dijo al Señor: " Quítame la mano de encima y deja de infundirme temor" (Job 13:21; NVI). Sentí que la intención del Señor era asustarme con la plétora de desafíos que he tenido. Pero en todo, tengo que recordar que Dios es bueno; su intención nunca es asustarme, sólo podarme para que pueda ser fructífera. Para ser sincero, necesito mucha poda.

Hubo una temporada en la que sentí que el Señor me había encerrado entre un muro muy alto y Él mismo. No podía ir a la derecha o a la izquierda, y ciertamente no podía escalar el muro. Me sentía como un pequeño animal atrapado entre Dios, Su voluntad, y la necesidad de que yo fuera podada para que reflejara a Cristo. Mientras gimoteaba porque mis pruebas y tanteos me tenían encerrada sin escapatoria, lo único que podía hacer era relajarme donde estaba cercada. Su mano gentil me levantó, y ese toque quitó el aguijón de mis circunstancias dolorosas. Los desafíos permanecieron porque Él todavía quería que yo fuera procesada. El dolor nos está procesando para Su gran plan. Y "¿Cuál es ese plan?", te preguntarás. Su gran plan para nosotros como la Esposa de Cristo es ser sin mancha ni arruga, para que junto con el Espíritu Santo, podamos decir,

"Ven, Señor Jesús". El gran plan de Dios es tenernos con Él - una gran familia feliz y unida en el cielo, alabando y adorando eternamente, así como obteniendo algunas comodidades mientras estamos aquí en la tierra.

Cuando nuestra esperanza se aplaza, el corazón se entristece. Estar triste es un estado difícil porque tiene una forma de ensombrecer todo nuestro ser. Nubla nuestra visión, perspectiva y percepción. De hecho, hace que momentáneamente la vida parezca no tener futuro. La vida se ha reducido a que tengamos una actitud de "ay de mí porque estoy triste". Ese es el impacto que tiene en nosotros estar tristes. Es imperativo tener mucho cuidado cuando nos encontramos en este estado, porque si nos quedamos aquí demasiado tiempo estamos en riesgo de deprimirnos, lo que nos creará más problemas.

Hay momentos en los que no logramos dejar pasar las cosas. Soy un firme creyente de que porque buscamos fervientemente al Señor, Él ha respondido y nos responderá. A veces, nuestra esperanza parece aplazada debido a algunos deseos insatisfechos, necesidades y oraciones aparentemente sin respuesta. ¿Son insatisfechas o sin respuesta porque no son la voluntad de Dios para nuestras vidas? Desarrollamos una visión de túnel e incluso nos volvemos sordos al Espíritu Santo debido a nuestros deseos. La Biblia dice en Santiago 4:3 (NVI), " Y, cuando piden, no reciben porque piden con malas intenciones, para satisfacer sus propias pasiones. ". Nombramos y reclamamos cosas sin preguntarle al Señor si es Su voluntad que tengamos eso que estamos clamando. Perdóname si me equivoco, pero todavía no he visto ese principio o declaración escrita en la Biblia. Debemos pedir y creer por fe que recibiremos. Dios es nuestro Padre, que nos dará buenos regalos, pero no todo lo que creemos que es bueno para nosotros lo es realmente. Nuestra madurez debería permitirnos ver que no se consigue nada con nombrar y reclamar. En cambio, debemos buscar el Reino de Dios y dejar que Él añada lo que quiere que tengamos según su voluntad. Hacer esto aliviará muchas de nuestras decepciones debido a las esperanzas que aparentemente han sido postergadas. Podemos fácilmente engañarnos a nosotros mismos cuando le decimos a Dios lo que queremos en lugar de preguntarle si es Su voluntad. Yo mismo he estado allí y he hecho eso demasiadas veces. Algunas personas se han sentido tan decepcionadas que han perdido su fe en Dios porque Él no hizo lo que le habían pedido, aunque creyendo que Él les había dicho que se lo daría. Es simplemente una situación de instruir a Dios en lugar de ser instruido por Él. Cuando llegamos a situaciones como esa, no solo nos deja tristes sino desilusionados. Ese es un lugar innecesariamente

doloroso para estar. Al esperar, "esperemos en Dios"
(como siempre digo), que es fiel en darnos buenos
regalos según su voluntad y propósitos para nuestras
vidas, porque "el anhelo cumplido es un árbol de vida"
(Proverbios 13:12; NVI).

CAPÍTULO 1

La Pena es Mejor Que La Risa

Mientras reflexionaba sobre el título de este capítulo, debo decir que me resultaba un poco desconcertante cómo la tristeza podía ser mejor que la risa. Soy consciente de que la tristeza, si no se tiene cuidado, puede convertirse en depresión. También soy consciente de que la risa es una medicina, pero me impresionó escribir sobre este verso. En primer lugar, permítanme exponer los significados de la tristeza y la alegría. El diccionario Webster II define la pena como "sufrimiento mental o causa de tristeza o aflicción". Y alegría significa "Gran felicidad, deleite".

Entonces, ¿por qué Salomón, el presunto escritor de este proverbio, cree que la tristeza es mejor que la risa? Mientras pensaba en esto, consideré que para nosotros, como humanos, siempre preferimos la risa a la tristeza. La sensación que produce la risa es bastante deliciosa y embriagadora; sin embargo, nuestro deseo es evitar a toda costa sentirnos apenados porque la vida es muy sombría cuando está cerca. Además, es difícil ver cómo puede ser mejor que la risa. Personalmente, prefiero la risa a la tristeza. Sin embargo, he soportado desafíos y he experimentado la pérdida de seres queridos. Pasar por estas experiencias me ha hecho desarrollar un aprecio por la temporada de tristeza. Esto no es una cruzada para persuadirnos de que debemos estar tristes; ¡en absoluto! Se trata de arrojar algo de luz sobre la tristeza, porque cuando nuestra esperanza se aplaza, por lo general, nos sentimos mal de corazón, ya que la tristeza está presente en esos momentos.

Creo que experimentar el dolor puede ser un estado santo del ser por lo que puede producir en nosotros. El dolor puede ayudarnos a llegar a un lugar en el que seamos receptivos a ser utilizados para la gloria de Dios, incluso cuando nos rehace. Nuestra emoción cruda y nuestra vulnerabilidad, así como nuestra fragilidad, nos llevan a un lugar de intimidad con nosotros mismos y, en algunas culturas, con la comunidad. Y lo que es aún más importante, nos lleva a un lugar de comunión con nuestro Señor.

La tristeza tiene el potencial de refrescar nuestra alma y nuestro espíritu. Nunca volvemos a ser los mismos después de haber pasado por un periodo de dolor. Nos cambia permanentemente en formas que no son inmediatamente obvias. Está bien soportar el sufrimiento; nuestro dolor nunca es un desperdicio en el plan de Dios para nuestras vidas. Por el contrario, sirve para que surjan oportunidades que nunca habíamos previsto. El dolor hace que nuestro corazón anhele al amante de nuestra alma. Mientras caminas por el valle del dolor, anímate, porque Dios está contigo.

Francamente, se dice que la risa es más saludable para nosotros desde el punto de vista fisiológico, biológico, psicológico y espiritual, y con razón, porque está demostrado. La risa es de hecho la mejor medicina; no hay ningún producto farmacéutico que pueda competir. El genetista Kazuo Murakami cree que la risa es un estimulante que puede desencadenar energía en el ADN de una persona, lo que a su vez ayudará a curar enfermedades. Cree que la biología no es el destino. Estoy de acuerdo con él. Estas investigaciones demuestran la potencia de la risa y su efecto en nuestro bienestar. En Japón se han realizado investigaciones y experimentos sobre el uso de la risoterapia para incorporarla a los cuidados geriátricos y ayudar a mejorar los efectos de las enfermedades degenerativas. La risa mejora la función cardiovascular, fortalece nuestro sistema inmunológico y endocrino, disminuye el estrés, reduce la ansiedad y mejora el estado de ánimo y la capacidad de recuperación. Actúa como antidepresivo al elevar los niveles de serotonina en el cerebro, que es vital para la sensación de bienestar y calma y para liberar la tensión.

Recordé que hace algunos años era miembro de una iglesia que estaba pasando por dificultades extremas. Como iglesia, habíamos perdido a un miembro de la familia por suicidio. Como si eso no fuera suficientemente malo, el liderazgo estaba pasando por algunos desafíos, y la tristeza nos envolvía. Pero Dios siempre es fiel. Nos envió un visitante con la unción de la risa en su vida. Todo lo que puedo recordar es que cuando la persona abrió la boca, la congregación estalló en una "risa de vientre" que curó nuestra disposición melancólica. Así que no hay duda de que la risa es una medicina.

Por lo tanto, cabe preguntarse: "¿Cómo puede la pena ser mejor que la risa?". La risa es una emoción mucho más divertida de experimentar que la tristeza. A nadie le gusta sentirse triste, y preferiríamos que cuando otros experimenten la tristeza, la superen rápidamente. En nuestra opinión, la vida de la tristeza debe ser muy corta porque hay que seguir adelante con la vida. Pero ser amable permitiendo a la persona el tiempo y el espacio para pasar por ese período es una forma de extender la compasión para que se cure. Hay una razón por la que el Señor dice que debemos llorar con los que lloran. Debido a que el dolor es un lugar tan solitario, aunque otros puedan estar afligidos por la misma razón, la experiencia de cada persona es personal. Nadie entiende realmente el dolor de otro. Por eso, cuando nos sentamos y rodeamos con un brazo a alguien que está sufriendo, eso es sagrado, es amor en acción. Hacerlo es un fuerte recordatorio de que no están solos durante su tiempo de sufrimiento. Lo saben por la empatía que reciben de su comunidad.

Aunque la risa es buena, también puede utilizarse como una máscara. Por lo tanto, debemos tener cuidado de no dejarnos engañar cuando veamos a alguien que está pasando por un momento difícil y que, sin embargo, sonríe constantemente. Una cara sonriente no siempre significa un corazón feliz. Hay personas que están deprimidas y solas, y que sienten que no le importan a nadie, pero que lucen una sonrisa atrayente. Esa persona puede ser el fuerte apoyo de todos, y bajo esa cálida sonrisa se esconde un corazón destrozado y deprimido. La risa no significa automáticamente que haya alegría.

Hay una risa que no es contagiosa y no es una reacción de algo humorístico. Dicha risa es el resultado de condiciones generalmente causadas por problemas neurológicos y conocidas como Síndrome de Afectación Pseudobulbar, que se expresa en la risa involuntaria. Aunque la risa es generalmente buena, este tipo de risa no libera la medicina que es buena para el alma; por lo tanto, la risa no tiene un efecto positivo en el individuo. De hecho, puede atraer miradas de impaciencia, porque a veces, los estallidos de risa pueden ser considerados inapropiados y eso causará al individuo más dolor, considerando que no tiene ningún control sobre tales estallidos.

Hay otra condición que involucra el tipo de risa que a los individuos no les gusta debido a su impacto negativo. Esta condición se llama Katagelasticismo. A nadie le gusta ser el "blanco" de una broma desconocida o poco amable. Esta risa encarna el placer de reírse de los demás; este tipo de risa tiene un punto de maldad.

He compartido estos otros tipos de risa para que seamos conscientes de que la risa no siempre tiene alegría de por medio. No quiero desanimar a la risa, porque es realmente la mejor medicina, pero el conocimiento es poder, y cuando estamos armados con este tipo de poder, podemos ser conscientes y ejercitar la paciencia con aquellos que no siempre están riendo desde un lugar feliz.

¿Vivimos con la ilusión de que la risa es mejor que la pena, ya que parece más fácil para nuestro corazón que la tristeza? ¿O es que Salomón, con toda su sabiduría, lo tenía todo mezclado? Tal vez él mismo se sentía melancólico para haber hecho tal declaración. ¿O será que tenemos una falsa percepción de que la vida debe ser un estado de felicidad perpetua basada en el hecho de que la risa es más deseable que la pena? Nuestras creencias y deseos sobre la risa han dado lugar a que muchos busquen la risa, hasta el punto de que incluso se han desarrollado negocios para satisfacer esas necesidades. Hay entrenadores que organizan Talleres de la Risa, Paseos de la Alegría y Fiestas de la Risa. El costo de participar en estos talleres oscila entre 250 y 1000 libras esterlinas, y los precios de las Fiestas de la Risa y los Paseos Alegres varían en función del número de personas. También hay un número creciente de clubes de risa en India, así que esto de la risa no es una broma; es un negocio serio. Debo decir que las personas que han puesto en marcha estos negocios son muy innovadoras. Tenemos que reírnos más porque su potencial curativo es efectivo, además de ser una de las cosas más terapéuticas sobre la faz de la tierra, con un gran impacto. Sí, me centro en la pena, pero permítanme animar a alguien a que, si se ha visto abrumado por los retos de la vida, vea una comedia o, si hay un club de la risa cerca de usted, lo visite o cree uno si está capacitado para ello. Deberíamos hacer todo lo posible por recibir frecuentes dosis saludables de risa y así beneficiarnos de ella.

La creencia de que nos hemos creído que la tristeza es el peor de los dos estados proviene del hecho de que nos gustan las experiencias divertidas, agradables y placenteras, y la tristeza es demasiado difícil de manejar. Así que el mundo en el que vivimos nos ayuda a crear esa visión. Aunque esté roto, preferiríamos experimentar sólo emociones agradables como la risa, la excitación, el amor, el placer y la pasión, por nombrar algunas. Pero eso nunca ha sucedido en la vida de nadie porque no hay nadie que nunca haya sentido tristeza o que no la experimente... bueno, aparte de Adán y Eva antes de la caída. Ellos disfrutaron de una alegría, paz y tranquilidad perpetuas, pero eso cambió rápidamente en el momento en que eligieron desobedecer a Dios, afectando a todos los demás a partir de entonces. Rápidamente conocieron la pena cuando se dieron cuenta de que la serpiente les había engañado y su relación con Dios se había roto.

La tristeza a menudo se considera una emoción negativa e improductiva, pero en las dosis adecuadas puede ser beneficiosa. Aun así, ¿quién quiere experimentar ni siquiera una dosis de tristeza? Es cierto; la tristeza nos hace sentir mal de corazón, pero la afirmación de Salomón de que es buena para el corazón tiene algo de sabiduría. ¿Te da vueltas, como a mí, la idea de que la tristeza puede ser buena para el corazón cuando hemos aprendido lo contrario?

Es un hecho establecido que hay efectos positivos de la risa; por lo tanto, puede que ahora necesitemos entender mejor por qué la tristeza es mejor que la risa, como afirmó Salomón. Después de todo, nosotros no afirmamos la Biblia; la Biblia nos afirma a nosotros. Por lo tanto, hay verdad en las afirmaciones de Salomón.

Es cierto que el dolor es una parte natural de nuestras vidas, al igual que la muerte es el destino de todos nosotros. De hecho, la muerte suele ser una de las causas del dolor, y eso es inevitable; por lo tanto, el dolor es inevitable. Visitará nuestra vida en un momento u otro. Hay otras situaciones que también conducen a la tristeza, como los desafíos de la vida, las enfermedades y la búsqueda del sentido de la vida, y estoy seguro de que se te ocurren otras que añadir a esta lista. Pero la pregunta sigue en pie: ¿cómo es mejor que la risa? Una respuesta a esa pregunta es que la sabiduría puede encontrarse en la casa del luto. En medio del dolor, aprendemos todo lo que necesitamos para continuar sanamente después de que la pena haya pasado.

Puede parecer contradictorio que la pena sea mejor que la risa, pero la forma de alcanzar la alegría y la paz que reside en el núcleo de nuestro ser durante los momentos más tumultuosos es a través de la experiencia de la pena y de todas las demás emociones aparentemente negativas. En este sentido, la pena y la risa son como el huevo y la gallina. La pena incita a la risa y la risa puede ser eliminada por la pena, y sin embargo sustituye a la pena. Cuando lloramos o nos lamentamos, la alegría y la risa siguen después. Sin embargo, como creyentes, nuestro dolor no está exento de esperanza, porque el Señor convertirá nuestro llanto en alegría (véase Jeremías 31:13).

El sufrimiento es generalmente un maestro más eficaz que la risa. Las experiencias que soportamos nos ayudan a desarrollar nuestro carácter y nos convierten en individuos completos. Veamos la investigación de Salomón sobre por qué cree que la tristeza es mejor que la risa. A partir de su examen, demostró que el placer no tiene sentido y la risa es una tontería. Para obtener una comprensión completa de lo que nos importa como seres humanos, buscó todo lo que como personas deseamos, ya sean placeres, cosas materiales u otros afanes. Adquirió riquezas sin medida; se empleó en diversos tipos de trabajo, e investigó lo que vale la pena que hagamos los hombres mientras estamos vivos. Sus investigaciones le llevaron a la conclusión de que al final de todas estas cosas, ninguna resultó ser significativa hasta el punto de que no podamos vivir sin ellas.

Si miramos desde su perspectiva cuánto valor añaden a nuestras vidas las cosas que perseguimos, estaremos de acuerdo en que no nos añaden la alegría que realmente deseamos, que hace que todo carezca de sentido. Todo lo que es reemplazable no tiene un valor significativo en nuestras vidas; esas cosas son sentimentales pero... bueno... reemplazables. Si una persona sólo tiene cubiertas las necesidades básicas de comida, agua, cobijo, sueño, aire, conexión con los demás, significado, contribución, novedad y seguridad, todo lo demás no es competitivo, sino que carece de sentido. Se dice repetidamente que las mejores cosas de la vida son gratuitas, como la vida, el amor, la familia, los amigos y la libertad. La prueba de Salomón demuestra que nuestra búsqueda de cosas fuera de la satisfacción de nuestras necesidades básicas y de la apreciación de lo que nos llega gratuitamente nos llevará a sentirnos insatisfechos. También cuestiona el sentido de nuestras cosas acumuladas que no satisfacen esos anhelos internos. Marca que aunque no está mal adquirir las cosas que queremos, hay que poner la perspectiva en el lugar adecuado. En el gran esquema de las cosas, como la necesidad de dar sentido a la vida, las cosas que queremos pueden resultar huecas. Por lo tanto, no debemos dejar que nos definan a nosotros o a nuestras vidas. Una vez establecido esto, nuestra búsqueda de las cosas que esperamos que nos hagan reír no proporciona una alegría duradera. La experiencia de la risa es momentánea -una persecución del viento- y por eso los clubes de la risa son tan vitales, por la necesidad reiterada de estimular esa emoción. Además, estar en un mundo agitado como el nuestro, en el que las preocupaciones de la vida son una preocupación constante, hace que no nos riamos tan a menudo. Sin embargo, la tristeza, con su melancolía, es apropiada, especialmente en lo que se refiere al sufrimiento y a la muerte. Es en esos momentos cuando somos más reflexivos, lo que hace que sea mejor para nuestra alma. Nuestras almas necesitan esa temporada de reflexión porque el resultado hace que nuestros corazones desarrollen un estado de satisfacción. Citando a Sebastian Gendry, "La felicidad sin sentido caracteriza una vida relativamente superficial, ensimismada o incluso egoísta, en la que las cosas van bien, las necesidades y los deseos se satisfacen fácilmente y se evitan los enredos difíciles o gravosos". Si evitamos continuamente los enredos gravosos, nos estaremos privando de experimentar todas las estaciones de la vida para poder sacar provecho de la experiencia. La belleza de sentir pena puede impulsarnos a hacer cambios que mejoren nuestra vida. Nos ayuda a procesar los asuntos de nuestro corazón al tiempo que aceptamos las situaciones difíciles y nos ayuda a superar el dolor. Esta emoción vital nos ayuda a aceptar, adaptar, enfocar, perseverar y crecer a partir de las experiencias que nos causan dolor. El reconocimiento y la aceptación de nuestro dolor nos ayudan a procesar la experiencia de forma saludable.

La pena es tan invasiva que para algunos de nosotros puede ser la única emoción que no podemos evitar sentir. El dolor es necesario para permitirnos sentirnos deprimidos y luego utilizarlo como trampolín para elevarnos por encima de lo que nos aflige y así poder prosperar. El dolor actúa como un botón de reinicio para recordarnos que debemos vivir con exuberancia.

La falta de una respuesta adecuada a la pena o a la tristeza es un buen indicador de que algo va mal en el individuo. Duelo retrasado puede hacer que el individuo corra el riesgo de deprimirse. Recuerdo que cuando murió mi madre, pensé que tenía que ser fuerte por los miembros de mi familia, así que no lloré inmediatamente. De hecho, no lloré hasta un año después. Para entonces, lloraba por todo, por muy sencillo que fuera. Retrasar el duelo nos desgasta, así que es mejor aceptarlo y atravesarlo.

Curiosamente, cuando experimentamos penas, dentro de ese sentimiento sombrío está la capacidad de ser alegre; está en los recovecos de nuestra alma. ¿Recuerdas haber experimentado tristeza, pero en medio de ese estado, sentiste que la alegría se asomaba a tu corazón? Eso lo inspira la esperanza. Parece que la experiencia es similar a un eclipse de luna. Un eclipse es cuando el sol, la tierra y la luna están exactamente o estrechamente alineados; así es como coexisten la alegría y la tristeza. Como oí decir una vez a alguien, es una conversación entre la posibilidad esperanzada y el cierre de la esperanza (Fuente desconocida). La punzada de la muerte para un seguidor de Cristo produce dolor, pero la idea de que tenga vida eterna produce alegría. Hubo un sacerdote, Fernández Carvajal, que dijo: "El dolor es un don que debemos pedir". Parecía haber captado la visión o los beneficios del dolor, pero esa afirmación puede hacer que se enarque una ceja preguntando quién querría pedirlo. Me imagino que es un don que no pediremos fácilmente. Pero sí es un regalo por lo que hace en nosotros: la madurez, al tiempo que pone en perspectiva lo que es más significativo en la vida. Es el efecto calmante del impacto de nuestro dolor, mientras que la ira es la evasión y el deseo de buscar culpables de la causa del dolor. La tristeza puede ayudarnos a captar ese gran golpe de la adversidad y a procesar la causa y el impacto. Puede ayudarnos a no volvernos locos. Sus compañeros de ira, negación, miedo y regateo nos ayudan a aceptar la pena y a atravesar la temporada de dolor y salir indemnes.

Cuando nos sentimos apenados, normalmente nos lleva a llorar, lo cual es muy valioso por su efecto positivo en el corazón. Alivia el corazón del estrés y resuelve la pena. Pone de relieve otras emociones que nos atraviesan. Llorar ayuda a desenterrar lo que hemos enterrado o intentamos enterrar en nuestro interior. Una vez conocí a alguien a quien se le había muerto un hijo, pero la persona había decidido no llorar porque no quería derrumbarse del todo. Pero el don del dolor es comprender la carga del dolor que consume nuestro corazón con ese agarre doloroso, mientras que nuestras lágrimas ayudan a liberar ese estrangulamiento en nuestro corazón. Negar su curso natural sería como bloquear una presa que se desbordará cuando haya acumulado suficiente dolor para atravesar lo que la bloquea. Cuando la presa se rompa, comenzará nuestra curación.

Estar triste puede hacernos más tiernos y compasivos. Tenemos que reconocer nuestra tristeza en lugar de evitarla o apartarla, lo que implicaría ignorar los efectos en nuestro corazón. Está bien estar abiertos a nuestro dolor; está bien sentir dolor. Por muy difícil que sea aceptar el dolor, es cuando lo aceptamos por lo que es que somos capaces de enfrentarlo, analizar su efecto y superarlo. Una vez que seamos capaces de analizar bien el dolor, lo veremos como lo que es: una situación temporal. Aunque nos lleve años, es sólo una visitante que podemos soportar hasta que pase y aprender todo lo que nos está enseñando. Eso suele ayudar a quitarle el aguijón a la pena; entonces podemos ajustar nuestros pensamientos, lo que nos permitirá atravesarla. El dolor sólo puede dominarnos si se lo permitimos.

Nuestras lágrimas son un lenguaje que le dice mucho al Señor, que escucha atentamente lo que se dice. Nuestro dolor no pasa desapercibido; tampoco nuestras lágrimas. Lo sabemos porque la Biblia dice que Él enjuga cada lágrima. También responde a cada oración comunicada a través de ellas. Cuando el dolor nos abruma, y no podemos encontrar palabras que expresen exactamente cómo nos sentimos, nuestras lágrimas se lo dicen todo a Él. El rey David le dijo al Señor (y es verdad para nosotros también): "*Tú llevas la cuenta de todas mis angustias y has juntado todas mis lágrimas en tu frasco; has registrado cada una de ellas en tu libro*". Nuestro dolor y nuestras lágrimas se aferran al corazón de nuestro Padre y lo acercan a nosotros mientras Él calma nuestra alma.

Recuerdo haber pasado por una época angustiosa. Hubo un día en particular en el que mi copa se había desbordado con los desafíos, la situación se había agravado, y me sentía realmente rota. Esa noche, fui a tener mis devociones, pero no estaba preparada para hablar con el Señor sobre lo que había ocurrido ese día. Sin embargo, seguí con mis devociones. Poco después de empezar, oí al Señor preguntar: "Sophie, ¿qué pasa?". Comencé, como decimos los jamaiquinos, a "berrear un poco" mientras derramaba mi corazón y mi quebranto ante Él, y mientras Él hablaba a mi corazón, podía sentir Su paz impregnándolo. La pena que había sentido se disipó lentamente. Me alegra el recordatorio, así como la comprensión de lo mucho que soy -somos- amados ferozmente por nuestro Padre Celestial, tanto que Él vendrá a nosotros cuando estemos quebrantados y necesitemos Su presencia y Sus palabras de consuelo para nosotros.

Ese es un beneficio maravilloso de la tristeza: es cuando estamos pasando por ella que experimentamos la afirmación de la presencia de Dios con nosotros y Su amor. Sí, Él también está presente en nuestras alegrías, pero estamos tan ocupados pasándolo bien que podemos sentir que no necesitamos ni requerimos Su presencia. Pero durante los momentos de dolor, estamos desesperados por Su presencia. Su amor y, además, sus tiernos brazos, nos acercan a Él, asegurándonos que todo va a salir bien.

Salomón estaba en lo cierto cuando dijo: "Un semblante triste es mejor para el corazón", porque si no, ¿cómo podríamos desesperarnos por el toque de nuestro Abba? Mi corazón se tranquiliza todo el tiempo cuando pienso en Su bondad que abunda hacia mí incluso cuando estoy soportando grandes dificultades. Hay belleza en medio de la tormenta. Al igual que las rosas tienen espinas para protegerlas, la tormenta es necesaria para protegernos de ser inmaduros y superficiales. Experimento una atracción hacia mi Maestro que sólo puede provenir de un corazón lleno de preguntas y de dolor, y de una mente que trata de comprender la tormenta, así como el permiso y la voluntad de Dios para la tempestad. El dolor es mejor porque nos atrae más íntimamente a nuestro Señor. Nos hace desear aceptar su oferta de irnos con Él a un lugar donde la tristeza no pueda invadir. Tiene que quedarse fuera y, después de estar lejos con el Señor, nos hace más fuertes para afrontar el motivo del malestar. Cuando la esperanza resuena en nuestros corazones, volvemos a reír. Ahh, me encanta esa morada para estar rodeado por el Señor, donde el dolor no es rival para su presencia y la risa está en el horizonte porque en su presencia, hay plenitud de alegría. Sí, la alegría siempre estalla.

La adversidad es la mejor clase en la que podemos estar inscritos. Es una clase para la que nada en la vida nos prepara sino ella misma; ni siquiera el estudio a nivel de doctorado te prepara para las lecciones que aprenderás en el curso de la Adversidad. Duro no describe suficientemente la experiencia y todo lo que tendremos que soportar. Este es el curso que sacude y expone muchas cosas dentro de nosotros, así como la fuerza y la autenticidad de todo lo que apreciamos. Es el tipo, por supuesto, que menos se aprecia, pero sólo a través de los tiempos difíciles podemos ver el valor de la vida, que a su vez da lugar a la alegría interior que todos anhelamos. La alegría es un mejor estado del ser por su presencia subyacente cuando estamos experimentando la tristeza en contraposición a la risa momentánea. Ni siquiera la risa más larga registrada puede soportar la duración de la alegría. Si tienes alegría mientras soportas la tormenta, es mejor porque significa que estás en paz. Esa es una parte del tutorial de este curso. La adversidad produce una alegría y una paz que superan todo entendimiento, desarrollándonos holísticamente como resultado de las pruebas.

La Biblia es equilibrada al animarnos a reír, alegrarnos y tener esperanza. Sin embargo, a veces, cuando se nos anima a reír o a alegrarnos, podemos pronunciar un "¿Eh?" porque no acabamos de entender ese concepto. Un buen ejemplo es cuando la Biblia dice que también debemos llorar cuando una persona nace y alegrarnos cuando muere (Ecl. 7: 1-2; NVI). Parece tan difícil alegrarse cuando alguien pierde un bebé o cuando alguien muere, ya sea un pariente, un amigo o un socio. La muerte nunca es un huésped bienvenido en muchos casos, incluso cuando se espera debido a una enfermedad prolongada. Aun así, alegrarse parece inapropiado, pero bíblicamente se considera que es mejor.

¿Quién puede resistirse a esas preciosidades? Esos bebés son hermoso recordatorios de las maravillas de la vida. Bueno, a veces lloramos porque las circunstancias en las que nacen no siempre son deseables. Sin embargo, por lo general, nos alegramos cuando nacen. Aún, nos animamos a llorar. Tal vez sea porque no sabemos el impacto que tendrá cada uno; al fin y al cabo, algunos de los que han sido bombones son ahora autores de delitos. Se nos dice que debemos alegrarnos cuando alguien muere. Una de las razones puede ser que para algunos es el fin de la pena, y el alivio es necesario. Sin embargo, en algunas situaciones, nunca podemos entender por qué esa persona tiene que morir, debido a su edad o al carácter y potencial del individuo. Me apena escuchar cuando alguien desaparece, sólo para ser encontrado muerto o no encontrado en absoluto. Me resulta difícil entender un acto como un secuestro. No tiene sentido para mí. Los informes indican que los secuestros son uno de los delitos más numerosos que se cometen en el mundo. Estoy seguro de que esto rompe el corazón de nuestro Señor, pero Él lo soporta porque es paciente. Es un crimen vicioso cometido por corazones fríos. Estoy seguro de que Él no espera que nos regocijemos debido a esas circunstancias, pero podemos alegrarnos de que la muerte haya sido su único vehículo para salir de lo que puede haber sido un acto devastador y espantoso. Puede que no entendamos la muerte o las circunstancias que la causan a veces, pero puede ser el sirviente que el Señor ve mejor para usar para quitar nuestro dolor, pena o sufrimiento. Podemos alegrarnos de que la muerte haya sido utilizada como un siervo para aliviar el dolor y proporcionar transporte a nuestro Padre Dios. Al descorrer el velo para ver más allá de nuestra perspectiva de por qué debemos llorar al nacer y alegrarnos al morir, obtendremos una visión de la sabiduría y el amor del Señor. Hay momentos en que las personas están enfermas; para ellas, la muerte es una opción bienvenida que les traerá alivio. Mientras nosotros lloramos por su ausencia, ellos se alegrarán en la presencia del Señor.

Cuando vemos los desafíos de la vida desde este punto de vista, podemos apreciar que la pena es mejor que la risa y llorar cuando nace un niño y alegrarnos por la muerte. Aunque sean respuestas contrarias a las habituales, el llanto y las penas son necesarios en nuestras vidas. Son necesarios como mecanismos de afrontamiento y como amortiguadores de los impactos de nuestros problemas. Son herramientas necesarias para nuestro bienestar; por desagradables que sean, las necesitamos. ¿Te imaginas que la muerte no existiera en este mundo posterior a la caída? No habría alivio del dolor ni del sufrimiento; habría superpoblación en todo el mundo. Estaríamos constantemente confrontados con el dolor y el sufrimiento de otros mientras los vemos retorcerse de dolor sin obtener alivio. Eso sería más dolor del que seríamos humanamente capaces de soportar. El dolor que nos rodearía constantemente no sería bueno para un bienestar saludable. Por eso, para librarnos de una vida tan abrumadora de dolor perpetuo, la muerte es necesaria para ministrarnos. El papel que desempeña la muerte en todo el ciclo es el de evitar que nos agobiemos por el constante aplazamiento de nuestra salida. Un cuerpo que ya se está deteriorando quiere el alivio que la enfermedad y el envejecimiento le dan a nuestro cuerpo. En el momento en que la muerte ha cumplido su propósito, se introduce el dolor como un respiro que ayuda a nuestra alma a exhalar lo repentino del dolor causado por la pérdida o el trauma. Nos ayuda a recuperarnos y a sanar; la alegría es el producto final de esa fase. Todo funciona para nuestro bien. La devastación o el trauma que creemos que tenemos que evitar es una parte necesaria del ciclo de la vida que busca hacernos completos. Cortocircuitar cualquier aspecto del mismo crearía un desequilibrio dentro del ciclo. Provocaría un caos en el orden de nuestro funcionamiento. Por eso un semblante triste mejora el corazón. Aunque haya tristeza durante un tiempo, la vida mejora continuamente. El semblante triste puede revelar lo abatidos que estamos o la angustia del alma, pero luego llega el momento de volver a disfrutar de la vida.

El disfrute de la vida es necesario porque en realidad hay más cosas en la vida que la tristeza; hay buenos momentos que vivir; permite que tu corazón se alegre. Tu alma ha soportado la solemnidad del dolor; ahora es el momento de que tu semblante cambie a la alegría. Alegrarse y disfrutar de la vida debe hacerse sin culpa ni rechazo. El motivo de la temporada de tristeza puede hacerte pensar que no debes seguir adelante, sino permanecer en ese estado. Sin embargo, ese no es el curso natural de la vida. La pena ha recibido su penitencia; hay que recuperar la normalidad. La pena nunca puede convertirse en un estado permanente, ¡nunca! Es un estado estacional, y su temporada ha pasado. Por lo tanto, es hora de pasar a la siguiente estación, que es volver a participar plenamente en la vida. Acéptalo.

Después de haber sufrido una pérdida, el sentimiento de culpa puede intentar acosarnos con pensamientos de que es demasiado pronto. Deberíamos estar tristes durante más tiempo, hasta el punto de tomar la decisión de no volver a ser felices, como si debiera haber un autocastigo. Sal de la ropa de duelo; deja la tristeza donde debe estar y sigue adelante para disfrutar de tu vida. Te mereces recuperarte y pasarlo bien. En eso consiste la vida: es un ciclo. Deja la pena hasta la próxima vez. La pena dura un momento. Viene cargada de valiosas lecciones que revelan muchas cosas, pero luego la estación cambia y nosotros debemos cambiar con ella.

Nuestras vidas están llenas de estaciones, y las estaciones cambian. El propósito es aprender de cada estación porque cada una tiene el potencial de enseñarnos así como de ayudarnos a tener esperanza. La esperanza nos hace seguir adelante incluso cuando sufrimos, lloramos y nos apenamos. Aprende de ellas, pero recuerda siempre que volverás a reír. El corazón siempre mejorará. La Biblia dice: "Dichosos los que lloran, porque serán consolados" (Mateo 5:4, NVI).

CAPÍTULO 2

Naomi Habla

Me llamo Noemí y soy la esposa de Elimelec. Mi marido y yo somos efrateos del país de Judá. Hemos sido bendecidos con dos hijos que aman la vida. Soy una esposa y madre feliz. Temo y amo a Dios con todo mi corazón. La gente que me conoce me dice que soy sabia, considerada y de buen corazón. Amo a mi familia y a mis amigos. Soy romántica de corazón, y soy la personificación del significado de mi nombre: agradable.

Me encanta mi ciudad natal, Belén, y nuestra vida aquí con nuestra familia y amigos. Estoy deseando que lleguen los días en los que, como mujeres de la comunidad, nos reunimos para hablar de las diferentes fiestas y eventos que se avecinan y de los diversos preparativos que hay que hacer. Me gusta compartir la vida y pasar tiempo con cada mujer y su familia. Siempre he tenido el placer de ver y escuchar a nuestros hijos jugar juntos, algunos incluso llegar a casarse. Tengo maravillosos recuerdos de cómo celebramos las diferentes fiestas y festivales. Somos realmente una comunidad y la vida es buena para nosotros. Disfrutamos de la vida en nuestra comunidad y somos felices aquí.

Y entonces la hambruna y las penurias golpean nuestra tierra. La presión de nuestras circunstancias empezó a afectar a nuestras vidas en gran medida.

Todos hemos notado que los cambios se producen lentamente: la producción de aceite de oliva se reduce y luego se detiene por completo. Nuestros maridos no han sido capaces de reponer nuestros tarros con aceite tan rápidamente como antes. Es obvio que no hay suficientes aceitunas para prensar y rellenar como antes. La nueva cosecha ya no alcanza a la antigua, como el Señor nos prometió que haría. Nuestra tierra ha sido asolada por la hambruna, convirtiéndola en el centro de atención de todos. Nuestros maridos hablan de que la tierra no da cosechas y el ganado no produce. La desolación se puede ver en todo Judá. Los tiempos se han vuelto muy duros; hemos vendido el poco ganado que nos quedaba junto con cualquier otra cosa que pudiéramos encontrar para vender, sólo para poder comer y sobrevivir al hambre. Pero hemos pecado contra nuestro Dios. Los jueces nos han estado advirtiendo que regresemos de todo corazón al Gran YO SOY, pero hemos sido un pueblo de cuello duro y no hemos obedecido. Ahora, Su juicio está sobre nosotros y ciertamente lo estamos sintiendo. Nos estamos muriendo de hambre.

Elimelec y yo estamos discutiendo las dificultades que hemos estado experimentando como resultado de la hambruna. Rezamos constantemente y esperamos que el cambio llegue rápidamente. Elimelec ha compartido conmigo que ha estado contemplando que tal vez tengamos que mudarnos a un pariente vecino si las cosas no mejoran.

Recuerdo la noche en que Elimelec vino y me dijo que nos mudaríamos a vivir a Moab. Me sorprendió (es lo menos que puedo decir) escuchar que nos íbamos a mudar a Moab, de entre todos los lugares. Cuando hemos hablado de mudarnos, ¡nunca había previsto que nos mudaríamos allí! Aunque son nuestros parientes porque son descendientes de Lot, son enemigos de Dios, y por lo tanto, nuestros enemigos.

Mientras considero la decisión de mi esposo, no puedo evitar preguntarme si ha olvidado que Moab es un pueblo y un país prohibido para nosotros, que no debemos tener nada que ver con ellos. De todos los lugares a los que podemos ir, ¿por qué vamos a vivir entre los moabitas, después de todo lo que les hicieron a nuestros antepasados cuando salieron de Egipto? No fueron generosos con ellos. No salieron a su encuentro con pan y agua ni les ofrecieron ningún tipo de ayuda. No creo que nos traten mejor; entonces, ¿cómo vamos a escapar de esta hambruna yendo allí? ¿No vamos a morir de hambre allí también? ¿Acaso ha olvidado que su malvado rey, Balak, trató de maldecir a nuestros antepasados y que también engañaron a nuestros antepasados para que no los mataran? Mi amado Elimelec puede haber olvidado que el Gran YO SOY nos ordenó firmemente no buscar un tratado de amistad con ellos mientras vivamos. ¿No recuerda cómo el SEÑOR envió una plaga a nuestros antepasados y mató a 24.000 de ellos porque se inclinaron ante los dioses de los moabitas y los adoraron? Y otra cosa, ¿con quién se casarán mis hijos?

He estado reflexionando sobre estos pensamientos, pero no le he dicho nada a mi amado sobre mis preocupaciones acerca de que nos mudemos a Moab, porque hace tiempo que decidí apoyar a mi marido en todo. Aunque esta decisión me asusta mucho, confío en que está haciendo lo que cree que es mejor para nosotros.

Mientras empaco nuestras cosas con lágrimas corriendo por mis mejillas, rezo a mi Dios.

"Dios de Abraham, Isaac y Jacob, el Gran YO SOY, pongo mi esperanza en ti para que nos veas salir adelante. Espero en Ti que este viaje sea tu perfecta voluntad para nosotros como familia. Gran Yo Soy, ordena nuestros pasos, te lo ruego. No permitas que nos alejemos de Ti. Te doy mi preocupación por nuestros hijos, que tendrán que elegir esposas de entre las mujeres moabitas con las que nos dijiste que nunca nos casáramos porque adoran a otros dioses y pueden alejar sus corazones de Ti. Te ruego que mis hijos nunca se aparten de Ti, Dios de Abraham, Isaac y Jacob. Ve delante y con nosotros, Adonai".

Nuestros planes están en marcha para partir hacia Moab. No ha habido ningún cambio en nuestra situación desde que decidimos partir; por lo tanto, seguimos con nuestra decisión. Durante los últimos días antes de nuestra partida, Boaz, un pariente del clan de mi esposo, nuestros amigos y familiares, vinieron a visitarnos. Nos dieron regalos para el viaje. Boaz ha asumido la responsabilidad de mantener nuestra propiedad mientras estamos fuera. El último día, nos organizan una fiesta de despedida. Hoy celebramos, bailamos, reímos y lloramos porque no sabemos cuándo volveremos a vernos. El ambiente se mezcla con la alegría y la tristeza: tristeza porque dejamos nuestra patria, nuestra familia y nuestros amigos. Alegría porque esperamos un futuro mejor, tal vez un poco de leche y miel. A mí también me gustaría tener aceitunas. Hace tiempo que no como aceitunas. *"Puede que no sea tan mala idea, mi Señor, Gran Yo Soy"*.

Al amanecer, nos despedimos de todos y de todo lo que hemos conocido durante toda nuestra vida, y emprendemos el viaje hacia Moab con lágrimas en los ojos y esperanza en el corazón.

El viaje ha sido largo, pero finalmente hemos llegado a Moab a última hora de la tarde del día anterior al sábado, y es evidente que ya no estamos en Judá. Todo es diferente. El pueblo se mueve rápidamente, y el libertinaje se puede ver en todas partes. Su dios, Quemos, puede verse desde todas las direcciones. Me horroriza lo que estoy viendo y quiero volver corriendo a Belén, a todo lo que estoy acostumbrado. Comienzo a rezar al Gran YO SOY inmediatamente, por lo que estoy viendo. Creo que mi familia y yo vamos a necesitar una doble porción de Su fuerza y gracia para vivir en Moab mientras contemplo por qué hemos venido a Moab y la posible influencia en nuestros hijos.

Elimelec y Mahlón parten en busca de un lugar para vivir, mientras Kilion y yo esperamos en la plaza, observando las costumbres de los moabitas. Tardamos lo que parece una eternidad mientras observamos a los moabitas participar en sus costumbres y adorar a sus dioses. Algunos se acercan y nos invitan a hacer sacrificios a sus dioses, mientras que otros se apresuran a pasar por delante de nosotros. Rechazamos su invitación. Debo decir que son sorprendentemente agradables, pero me recuerdo que fueron amistosos con nosotros cuando incitaron a nuestros antepasados a hacer sacrificios y adorar a su dios. Pecar contra nuestro Dios es un riesgo que no podemos correr.

Me doy cuenta de que Kilion mira con curiosidad todo lo que ve, que despierta muchas preguntas que tiene que hacer. Oír hablar de ellas es una cosa, pero verlas justifica muchas respuestas. Aunque les hayamos enseñado estas cosas, verlas hace que todo cobre vida para él. Quiere saber por qué se inclinan ante ese ídolo y por qué se sacrifican niños. No puede entender por qué no aman a nuestro Dios y no le obedecen. Le explico que han rechazado al Gran Yo Soy y le recuerdo que creen que los dioses que adoran requieren ese tipo de prácticas como forma de adulación. Le explico que Quemos es su dios; por lo tanto, tienen diferentes costumbres y prácticas que creen que complacerán a su dios. Se queda perplejo porque su dios no puede ver, oír ni moverse, así que ¿por qué adorar a algo que está muerto? Hago todo lo posible por explicarle de manera que pueda entender que han sido engañados. Aprovecho la oportunidad para recordarle los estatutos y las leyes de nuestro Dios y que Yahveh no está contento con ellos por su desobediencia.

Mientras estamos inmersos en nuestra discusión sobre el pueblo de Moab y sus prácticas, Elimelec y Mahlón regresan emocionados para compartir la noticia de que han encontrado un lugar para que vivamos. Advierten que no es nada parecido a lo que teníamos en Belén, pero que estaremos cómodos. Recogemos todo y nos dirigimos a nuestro nuevo hogar para comenzar la vida entre los moabitas.

Pasan los años y vamos conociendo al pueblo entre el que vivimos. Seguimos siendo fieles a nuestro Dios. Todos saben que somos siervos del Dios de Israel y que no nos inclinaremos ante otro dios. Nuestra situación ha mejorado mucho desde nuestra llegada, y estamos siendo bendecidos por nuestro Dios.

Sin embargo, la vida entre los moabitas es muy difícil. Nos angustia su desobediencia a nuestro Dios, además de la anarquía que presenciamos a diario, y el constante culto a Quemos. Vivir entre ellos día tras día es atormentar nuestras almas justas a causa de las acciones sin ley que vemos y oímos. También es difícil mirar a ese detestable dios cada día; mis ojos se sienten contaminados, pero nuestro Gran Yo Soy está con nosotros, y estamos protegidos.

Sin embargo, animamos continuamente a muchos a seguir los caminos de nuestro Dios, y algunos lo han hecho. Como familia, nos hemos propuesto en nuestros corazones amar al prójimo como a nosotros mismos.

Hemos sentido una añoranza insaciable por nuestra patria, nuestra familia y nuestros amigos. Cuando nos fuimos, esperábamos y planeábamos volver en los años venideros, un plan que nos entusiasmaba a todos. Nuestros hijos hablaban de lo que iban a hacer cuando volvieran a casa. Habíamos decidido entonces que volveríamos durante una de las Fiestas del Tabernáculo para celebrar esa fiesta al SEÑOR con nuestra querida familia y comunidad. Hemos estado esperando ese momento con nuestra familia y amigos y no podemos esperar a volver a casa, pero mientras tanto, hemos estado soñando con nuestro dulce regreso.

Elimelec y yo seguimos disfrutando de una relación amorosa. Hablamos durante horas al final de cada día. Nos reímos a menudo entre nosotros y con los niños. Estoy satisfecho con nuestra vida.

Pero la vida no sigue siendo como siempre he querido y deseado que fuera.

Me despierto a la hora habitual de nuestro culto, pero Elimelec, que normalmente se despierta antes que todos, sigue tumbado a mi lado en la cama. Tengo curiosidad por saber por qué sigue durmiendo, pero no responde cuando le llamo por su nombre. No responde cuando lo sacudo suavemente; no emite ningún sonido ni movimiento, lo que me sorprende porque siempre ha tenido un sueño ligero. Su cuerpo está frío y sin vida al tacto. Llamo a gritos a mis hijos, que vienen corriendo, y me confirman la muerte de su padre. Siento que el tiempo se detiene para mí.

Siento que mi corazón ha dejado de bombear. Me siento entumecida hasta la médula; un estado de shock e incredulidad me envuelve. ¡Mi marido, amante y amigo, se ha ido! ¡Ha muerto! No sé qué hacer; no puedo respirar.

Su cuerpo, habitualmente cálido, se ha vuelto tan frío. La vida le ha sido succionada, ¡se ha ido para siempre! El hombre de mi juventud ha muerto antes de nuestro esperado regreso a Belén, Judá. Con un lamento, me rasgo las vestiduras, me pongo un saco y lloro la muerte de mi amado. Teníamos muchos planes. Mi corazón se ha roto en muchos pedazos, y de repente me siento sola. Solíamos apoyarnos mutuamente; ahora, mi apoyo se ha ido. Mi canción fuerte ya no tocará su ritmo en mi corazón porque ha muerto.

Todo el mundo le quería; yo le respetaba y le honraba. Defendía la justicia y no comprometía su fe en el Dios de Israel, especialmente entre los moabitas. Siempre fue el primero en ayudar a los necesitados. Yo amaba a mi Elimelec y ahora se ha ido.

A lo largo de los años, hemos reído y llorado juntos. Hablábamos durante horas de todo y de nada. Había momentos en los que simplemente nos sentábamos juntos en silencio, disfrutando de la presencia del otro. Me encantaba cuando se acercaba tranquilamente por detrás de mí, me levantaba y me hacía girar. Yo gritaba de placer. *"¿Con quién compartiré mi corazón ahora?"* Me pregunto. *Oh, Dios de Abraham, Isaac y Jacob, ¡mi Elimelec ha muerto! No puedo seguir viviendo sin él, pero debo hacerlo porque te siento, oh Dios, dispuesto a seguir adelante y debo criar a nuestros hijos solo. Debo seguir viviendo; mis hijos me necesitan.*

Lloré amargamente el día que enterramos a mi amante y amigo, Elimelec. Mahlón y Kilion lloraron con fuerza, y todos lloramos mucho después de la puesta de sol, mientras tratábamos de entender la vida sin él.

Después de quitarnos los cilicios, me peiné y seguí viviendo porque tengo que vivir. Aunque mi corazón esté entumecido, no moriré con mi amado. Tengo razones para vivir. Reuní mis fuerzas y seguí viviendo para criar a mis hijos, Mahlon y Kilion.

***

El Señor nos ha mostrado su bondad a lo largo de los años desde que murió Elimelec. Él habría estado orgulloso de sus hijos, realizando la Fiesta de las Semanas y otras celebraciones y asumiendo los roles de su padre. Por supuesto, ha habido días difíciles en los que he necesitado el apoyo y la sabiduría de Elimelec, pero mi Dios me ha ayudado en cada uno de esos días. Poco después de la muerte de su padre, los chicos lucharon con su muerte. Crecer sin un padre fue difícil para ellos, pero gradualmente superaron esos desafíos y se convirtieron en adultos responsables.

Con el tiempo, mis hijos se convirtieron en hombres, y la tarea de encontrarles esposa recayó en mí. Junto con Mahlon y Kilion, recé para que el Gran Yo Soy nos ayudara a elegir entre los moabitas una esposa para cada uno de ellos. Había dos jóvenes que les gustaban a mis hijos, así que oramos por la voluntad de Dios. Conocíamos a las familias de estas dos maravillosas jóvenes, Orfa y Rut. Ellas habían abandonado los caminos de Quemos y habían seguido al Dios de Israel, así que mis hijos las tomaron como esposas. Mi alegría fue restaurada; mi familia crecía, y esperaba que pronto, tendría algunos nietos en mis brazos. Durante diez años, disfrutamos de nuestra familia. Mis hijos son buenos hombres y esposos; nos mantuvieron y nos guiaron bien. Yo quería ver a Orfa y a Rut teniendo hijos, así que oré en silencio por algunos.

No recuerdo bien lo que sucedió en ese fatídico día. Sólo recuerdo a Orfa y a Rut corriendo frenéticamente con miradas temerosas en sus rostros, conmocionadas y desconcertadas, diciendo ininteligiblemente algo acerca de que Mahlon y Kilion estaban muertos. ¡Pero eso no podía ser así! Debían de estar equivocados. ¿Cómo podrían estar muertos mis hijos? No, no podían haber muerto los dos, dejándome sola en este mundo, sin nadie. Había venido a Moab con mi familia y ahora me los habían quitado a todos. ¡Nooooo!

Pero Orfa y Rut tenían razón. Mis hijos han muerto, y yo vuelvo a vestirme de saco y a enterrar no sólo a otro miembro de mi familia, sino al resto de mi familia. Todos se han ido; ¡ya no tengo a nadie! Vine a Moab llena y esperando una vida mejor, y en cambio, me he quedado sin mi marido y mis hijos. ¿Qué voy a hacer? ¿Qué he hecho para merecer que me roben a mi marido y a mis hijos? He guardado y obedecido las leyes y los estatutos y he amado al Señor, mi Dios. He amado a mi prójimo como a mí misma, así que ¿por qué se me castiga? ¿Qué pecados he cometido?

Mi corazón no puede ser consolado; mi alma está amargada. Desprecio mi vida. Me han dejado solo, y mis días no tienen sentido. *"Oh, Dios, ¿por qué me has convertido en tu objetivo de dolor y luto?"* Quiero saber. *"Pronto, yo también moriré. Señor mío, Señor mío, sé bondadoso y mírame; muéstrame mis males. ¿Por qué esta amargura? Hoy me he convertido en Mara. Me has afligido y has traído la desgracia sobre mí".*

Ha habido mucha pena y tristeza en nuestra casa desde sus muertes. Nuestros hombres han muerto, y la alegría parece haberse convertido en algo del pasado. Las bromas amistosas entre mis hijas ya no se oyen. Todos andamos entumecidos o gimiendo suavemente, con lágrimas que fluyen constantemente por nuestros rostros. Esta tristeza parece haberse convertido en nuestra nueva normalidad. Ninguna risa o alegría, forzada o no, sale de nuestros labios. Parece que nuestra casa se ha convertido en un sepulcro para los vivos; nos falta la vida. Es evidente que mi marido y mis hijos están muertos. Todos echamos de menos su presencia en nuestras vidas y en nuestro hogar.

Mi corazón murió con mi familia. Al reflexionar sobre el futuro, me parece muy sombrío y solitario. Mientras la soledad se instala, la extranjería de Moab me mira y se ríe de mí. No puedo seguir viviendo aquí. Este lugar me ha traído mucho dolor y me ha robado a mi familia. Tengo que volver a casa, a Belén, con mi familia y mis amigos. Necesito estar con los míos, y anhelo la comodidad de estar en casa. Odio este lugar; me ha arrebatado a todos mis seres queridos. ¿Por qué quedarme y morir aquí? No moriré aquí. Tengo que hacer saber a mis hijas, Orfa y Rut, que tenemos que ir a Judá, de vuelta a mi propio pueblo.

Llamo a mis hijas y les cuento mi decisión de regresar a Judá. Les hablo de la bondad de Dios para con su pueblo Israel, de que ha proporcionado alimentos a su pueblo. "Por tanto, preparémonos para ir a Judá, porque allí nos irá mejor. Tal vez encontremos un pariente-redentor que nos ayude. Yo también anhelo Belén y no quiero seguir viviendo en Moab", les digo. Orfa y Rut aceptan venir conmigo a Judá. Hablamos de cuándo nos iremos, y de todo lo que hay que hacer para partir en la fecha que hemos decidido.

Pasamos los siguientes días empacando y preparándonos para salir de Moab. Cuando terminamos, visitamos a la gente de nuestra comunidad y les contamos nuestra decisión de volver a Judá. Luego, emprendemos el camino que nos llevará de vuelta a la tierra de Judá, dejando a mis muertos en Moab mientras avanzo con el corazón roto.

El viaje de regreso a Judá es sombrío y trae consigo una tristeza que no conocía cuando Elimelec, Mahlón, Kilion y yo dejamos Judá y viajamos por este mismo camino hacia Moab. Esta tristeza es diferente de la que experimenté al ir a Moab. A cada paso que me alejo de Moab, siento un dolor que me desgarra el corazón sin esperanza. Estoy atrapada entre dos deseos: uno que me tira de vuelta a la tierra donde he dejado a mi marido y a mis hijos, y el otro hacia Judá. Pero la idea de estar en Moab un día más es demasiado dolorosa, y ese dolor impulsa mis pies hacia adelante en el camino hacia Judá. Estoy en la encrucijada del dolor, y ninguno de los caminos parece menos doloroso que el otro. Debo continuar lejos de Moab. Pero, ¿por qué me llevo a las esposas de Mahlon y Kilion conmigo, lejos de su pueblo y de sus familias, a un país extranjero? Debo enviarlas de vuelta a su hogar; no puedo hacerles esto.

Mientras viajamos, puedo oír a los dos gimiendo y arrastrando los pies a cada paso del camino. No puedo pedirles esto. No puedo alejarlos de su hogar. ¿Cómo podría hacerlo si conozco ese sentimiento demasiado bien? Debo enviarlas de vuelta.

"Orpah y Ruth, mis hijas. Creo que no es correcto alejarlas de sus familias y de sus amigos. Por favor, regresen a sus hogares; no puedo llevarlas lejos de Moab. Por favor, volved. No nos hemos alejado demasiado; aún podéis volver antes de que anochezca. Que el Señor os muestre la bondad que habéis mostrado conmigo y con vuestros muertos, y que cada uno de vosotros encuentre el descanso en el hogar de otro marido".

Mientras las despido con un beso, al unísono, tanto Orfa como Rut comienzan a llorar a gritos e insisten en que vendrán conmigo a mi pueblo. En mis intentos de persuasión, les digo: *"Volved a casa, hijas mías. ¿Por qué vais a venir conmigo? ¿Voy a tener más hijos que puedan convertirse en vuestros maridos?"*

Les ruego que vuelvan porque soy demasiado vieja para tener otro marido. *"Aunque pensara que aún puede haber esperanza para mí, aunque encontrara un marido esta noche y diera a luz hijos, ¿esperaréis a que crezcan? ¿Permanecerás soltera por ellos? No, mis hijas. Es más amargo para mí que para vosotras, porque la mano de mi Señor ha salido contra mí".*

Sigo tratando de persuadirlas porque no se quieren ir, y finalmente, Orfa decide volver a Moab. Con los ojos llenos de lágrimas, me da un beso de despedida y se va con la cabeza colgando de pena. Mi corazón se aflige cuando se va, pero tengo que dejarla ir.

Mientras veo que Orfa se va, siento que Rut se aferra a mí como si fuera su vida. No puedo convencerla de que se vaya. Ella siempre ha sido fuerte, la que se aferra a mí. Conseguir que cambie de opinión y vuelva a casa está resultando difícil.

A su manera Ruthie, ella dice: *"No me insistas en que te deje o me aleje de ti. Donde tú vayas yo iré, y donde tú te quedes yo me quedaré. Tu pueblo será mi pueblo y tu Dios mi Dios. Donde tú mueras, moriré yo, y allí seré enterrado. Que Yahveh me trate con severidad si algo más que la muerte nos separa a ti y a mí"*.

Mientras me dice esto, oigo que Orfa llama a Rut y le pregunta si va a volver con ella. Entonces Rut corre hacia ella, la abraza y se despide con un beso. Se quedan de pie, abrazadas y llorando y prometiendo visitarse mutuamente, seguido de más llanto. Las observo y me identifico con el dolor que sienten porque sus corazones se rompen aún más. Eran amigas cuando crecían y el vínculo se hizo aún más fuerte como hermanas después de que se casaran con mis hijos. Siempre hacían cosas juntas y eran casi inseparables. Ahora, aquí están separándose, necesitando ir por caminos separados porque deben hacerlo. El dolor que sienten al no saber si se volverán a ver, o cuándo, me resulta difícil de ver. El dolor que envuelve a Orfa y a Rut no es sólo por los muertos enterrados, sino también porque se están perdiendo la una a la otra y lo último que queda de sus vidas como hermanas y amigas.

Les permito que se aflijan antes de llamar a Ruth porque nos queda mucho por recorrer. Se despiden por última vez. Vuelvo a abrazar y besar a Orfa, y continuamos nuestros viajes, en direcciones diferentes: Orfa hacia Moab, y Rut y yo hacia Belén. Ruth y yo caminamos en silencio, perdidas en nuestro dolor.

El viaje ha sido lento, pero finalmente llegamos a Belén. Al llegar, todo el pueblo se agita con entusiasmo por nosotros. Todo el mundo mira para ver quién se acerca por el camino. Veo caras conocidas, caras que he echado de menos durante años. Veo a mi familia, a mis amigos y a nuestros vecinos. Las mujeres con las que solíamos pasar el tiempo, trabajando y ayudándonos mutuamente, y con las que celebrábamos muchas fiestas juntas, exclaman: *"¿Puede ser esta Noemí?"*.

Algunas ríen y otras lloran mientras todas corren hacia nosotras. Todos nos abrazan, riendo y animando. Cada persona nos ayuda cogiendo nuestras cargas mientras expresan su alegría y llaman repetidamente mi nombre, gritando mi regreso. Preguntan emocionados por Elimelec, Mahlon y Kilion, y preguntan con curiosidad quién es la otra mujer.

"No me llaméis Noemí, sino llamadme Mara, porque el Todopoderoso me ha amargado la vida. Me fui llena, pero el SEÑOR me ha devuelto vacía.

¿Por qué me llamas Noemí? El SEÑOR me ha afligido; el Todopoderoso ha traído la desgracia sobre mí".

Se quedan sin palabras por mi reacción. Nadie sabe qué decir. Todos están sorprendidos por mi respuesta. Se llenan de alegría al vernos y yo me lleno de pena y amargura. Rut empieza a llorar y algunas de las mujeres la abrazan. Es doloroso compartir con ellas que Elimelec, Mahlon y Kilion han muerto. Les digo que Rut es mi nuera y que ha decidido volver a Belén conmigo. Les hablo de nuestra vida en Moab y de que hemos vuelto a Belén porque he oído que Yahveh les ha proporcionado comida. Veo que es cierto porque la cosecha de cebada está a punto de comenzar.

Rut y yo nos dirigimos a mi casa después de hablar con todos. Al llegar allí, es obvio que Boaz había hecho un maravilloso trabajo cuidando de nuestra casa y propiedad mientras estábamos en Moab. El lugar había sido mantenido inmaculadamente.

Nos instalamos, y pasamos días ocupados poniendo la casa en orden. Durante este tiempo, se hizo evidente que necesitábamos comida en la casa. Un día, Ruth me pide que la deje ir a un campo vecino para recoger detrás de alguien con quien pueda encontrar favor. Me gustaría que no tuviera que trabajar, pero necesitamos comer y ella es joven y fuerte, y está más capacitada que yo para trabajar en el campo.

En su búsqueda, había encontrado un campo que no estaba demasiado lejos de nuestra casa. El campo que encontró pertenece a nuestro pariente redentor, Boaz. Encontró el favor del capataz que le dio permiso para espigar detrás de los cosechadores. Mientras espiga detrás de los cosechadores, se da cuenta de que un hombre guapo y distinguido entra en la propiedad. Se pregunta quién es, pero sigue recogiendo las sobras, mientras le mira de reojo, fingiendo no mirar. Le oye preguntar al capataz quién es ella. Al acercarse a ella, le oye decir a Boaz que es la moabita que volvió con Noemí. Mientras sigue mirando a Boaz, se da cuenta de que es bien parecido y guapo. Es mayor que ella y es respetado por sus cosechadores.

Se siente nerviosa cuando se acercan a ella, pero se relaja en cuanto Boaz empieza a hablarle. Piensa que él es amable y considerado. Le dice que se quede con sus sirvientas y que no vaya a otro campo a espigar, y que puede beber agua de las tinajas que han llenado los hombres. Se siente un poco preocupada por estar en un campo donde no conoce a los hombres, pero se siente protegida cuando él les dice que no la toquen. Nuestra cultura la sorprende; no entiende cómo ella, una extranjera, puede encontrar el favor de sus ojos. Le dije que su desinterés y amabilidad conmigo no han pasado desapercibidos. Toda la comunidad habla de ello. Boaz, como todo buen hombre, inicia la búsqueda invitando a Rut a venir a comer pan y vino en vinagre con él. También le ofrece un poco de grano tostado. Aunque no comen solos porque están los otros segadores, ella siente una atracción entre ellos. Piensa en silencio que el Dios de Noemí la ha conducido al campo de este hombre maravilloso. Noemí siempre habla de que su Dios está involucrado en los asuntos de los hombres. Cuando se va a seguir espigando cebada para su suegra y para ella, Rut puede oír que él les dice a sus hombres que no la avergüencen, sino que dejen algunos tallos en su camino para que ella pueda recogerlos. Se le permite recoger la cebada hasta el final del día.

No puede esperar a contarle a Noemí su día y el favor que ha encontrado con este hombre. Decide darle a Noemí las sobras de la comida que ha disfrutado.

Rutí irrumpe por la puerta esa tarde, llamándome emocionada mientras se apresura a contarme todo lo que ha sucedido y dónde ha trabajado ese día sosteniendo una gran carga de cebada y trigo. Ella no había conocido a Boaz, por lo que no sabía que era el dueño de la propiedad. Antes de que pudiera seguir hablando, le dije alegremente quién era él. Sonriendo, Rutí dijo que había oído a las chicas susurrar, pero que no había podido oír claramente quién era. Pasamos una parte importante de la velada hablando de Boaz y de su amabilidad hacia nosotros. Su emoción crecía a medida que seguía recordando lo sucedido. Tomé nota de su entusiasmo. Se rió cuando me dijo que le echó una mirada justo antes de que la alcanzaran. Describió que era un hombre de buena constitución, guapo, pero que era mayor que ella. Sonrió al decir que es muy respetado por sus trabajadores y que se sorprendió al oír que todos le decían "Dios te bendiga".

La expresión de su rostro reveló que estaba nerviosa al recordar el momento en que Boaz habló con ella. Sacudió los pies y sonrió al comentar que él es amable y considerado, porque le dijo que se quedara en su campo a espigar hasta que terminara la cosecha. Secretamente pensé que una buena mujer no puede ser extrañada por el hombre que Dios tiene para ella. Mi Rutí se sonrojó al contarme que la había invitado a comer con él y los demás. Mientras hablaba, pude percibir que había una atracción entre ellos. En silencio, doy gracias a Dios por haber guiado a Rut al campo de Boaz. En medio de nuestra conversación, ella recordó de repente que había traído algo de su comida para mí.

Mientras la escuchaba, no pude evitar sentir una pizca de tristeza y alegría al recordar el día en que mi Elimelec y yo nos conocimos, y el día en que lo perdí. No revelé mis sentimientos para no estropear nuestro momento. Seguimos hablando mucho después de haber comido y hasta la noche, hasta que ambos empezamos a cabecear, entonces decidimos irnos a nuestras camas.

Rutí siguió trabajando en el campo de Boaz hasta el final de la cosecha de cebada y trigo. Ella no ve a Boaz a menudo, ya que es un hombre ocupado, pero hablamos de él todos los días. He pensado que una señora tan maravillosa como Rutí debería tener su propia casa. Ya he hablado con el SEÑOR sobre mis pensamientos para que ella tenga un esposo que la mantenga. Con entusiasmo comparto mis pensamientos con Rutí con respecto a encontrarle un esposo. Al compartir con ella que creo que Boaz es el mejor hombre para que se case, ella reacciona con una gran sonrisa. Veo que la idea le agrada. No puedo contener mi alegría por ella porque Boaz es un hombre de carácter recto que cuidará muy bien de ella.

Una noche, cuando entró por la puerta, me di cuenta de que había visto a Boaz ese día, así que ejecuté mi plan inmediatamente. Le aconsejé que volviera a la era esta noche para verlo. Me encanta el romanticismo. Le aconsejé que debía lucir lo mejor posible, por lo que debía bañarse, perfumarse y vestirse de manera impresionante. La animo a que se arregle bien el pelo. Cuando está lista, la miro y la apruebo. Está estupenda, no porque sea mi hija, sino porque es una mujer hermosa por dentro y por fuera.

No está segura de lo que le ordeno que haga, que era echarse a los pies de Boaz y pedirle que extienda su manto sobre ella como su pariente-redentor. Minutos más tarde, le dije que fuera tranquilamente a su granja. La besé mientras salía por la puerta hacia el propósito.

Mientras Rutí está en casa de Boaz, rezo para que Jehová la guíe y se involucre. No puedo dormir porque estoy muy emocionada, nerviosa e incapaz de contenerme mientras cuento las horas para su regreso. Por fin llega a casa y me dice que ha hecho todo lo que le dije que hiciera. Boaz se alegró de que le hubiera elegido a él y no a un hombre más joven, rico o pobre. Dice que él hará saber a todos que soy una mujer de carácter noble. Le explica que hay alguien que es un primer pariente-redentor con el que tendrá que hablar. Si ese hombre no está dispuesto a servir de redentor, entonces lo hará él.

"Oh, Madre", dice ella, "espero que sea él quien redima y no el otro pariente. Me dijo que me pusiera a sus pies hasta que fuera seguro irme sin arruinar mi reputación, y me cargó con más cebada antes de enviarme a casa porque no quería que volviera a ti con las manos vacías."

Me complace saber cómo le fue. Aconsejé a Rutí que esperara para saber qué pasaría, ya que Boaz haría todo lo necesario hasta que el asunto se resolviera. Así que esperamos, pero hablar sin parar del tema hace que la espera parezca interminable. Así que intentamos ocuparnos; aun así, la emoción es más de lo que podemos contener.

Más tarde nos enteramos de que Boaz se había reunido con el pariente redentor, que no estaba dispuesto a redimir, por lo que redimió la propiedad. Nos alegramos mucho. Hecho esto, Rutí se convirtió en la esposa de Boaz cuando éste redimió la . Ahora, nuestra boda es diferente. No tenemos ceremonias ni recepciones. En cambio, se celebra consumando la unión, seguida de celebraciones.

Termino diciendo que mi Dios se acuerda de mí y de mis dificultades. El Señor permitió que Rutí y Boz tuvieran un hijo al que llamaron Obed. Lo tomé en mi regazo y lo cuidé. El SEÑOR ha renovado mi vida y me ha sostenido en mi vejez al bendecirme con este nieto dado por mi amada Rutí.

Mis Pensamientos

Cuando el Señor me dijo que escribiera la sección llamada "Noemí habla", tenía curiosidad por escuchar lo que ella tenía que decir. Habiendo leído su historia, ahora tenemos una visión de espectador de la vida de Noemí y de cómo Dios obra todas las cosas para nuestro bien, a pesar de las dificultades y el dolor que hemos tenido que soportar. Vimos cómo el Señor utilizó una crisis nacional para llevar a cabo sus planes. Hubo una hambruna en la tierra que duró más de diez años. Él permitió que la hambruna agitara y eventualmente causara que Noemí y su familia se trasladaran a un país que parecía ser el lugar más improbable donde Él enviaría a Su pueblo para llevar a cabo Su plan. Pero los caminos de Dios no son nuestros caminos, como nos declaró en Isaías 55:8 (NVI), "*Porque mis pensamientos no son los de ustedes, ni sus caminos son los míos—afirma el Señor—* ". Él orquestó todo de principio a fin. Los condujo amorosa y tiernamente a Moab. Los proveyó y protegió mientras estaban allí. Mientras Su plan era ayudarlos a escapar de la hambruna, Él también estaba haciendo un camino para acompañar a Rut a Belén Judá, porque ella tenía un papel vital que desempeñar en la genealogía del rey David y José, el esposo de María, de quien nació Jesucristo. Tenía que ser un montaje crucial, porque no se podía confiar a cualquiera la crianza del niño Jesús. El rey Herodes no podría haber hecho el trabajo de criar a Jesús porque lo habría matado. José tuvo que nacer y desarrollar el carácter piadoso necesario para aceptar esa situación única de que su prometida virgen quedara embarazada, ¡quien le dice que sucedió por el Espíritu Santo! Ese era un trabajo especial para un hombre justo y para eso, Noemí tuvo que soportar todo lo que pasó. Hay que felicitarla, porque si hubiera dicho que no iba a ir a Moab o hubiera tratado de convencer a Elimelec de que se fuera a otro país porque no debían tener nada que ver con los Moabitas, entonces la historia hubiera sido diferente. Su obediencia fue fundamental.

Dios es tan soberano. Él podría haber hecho que Rut y su familia vivieran en Belén, pero me gustaría pensar que a Él le gusta usar a las personas más improbables en el cumplimiento de Su plan. Creo que Dios siempre tiene a su pueblo dentro de cada nación y dentro del grupo más improbable: aquellos de nosotros que necesitamos su gracia, sus tiernas misericordias y su amorosa bondad. ¿Notaste que ellos estaban viviendo Sus planes, sin embargo había dolor dentro de Sus planes? Aunque eran grandes planes, el dolor estaba presente en todo momento. Noemí soportó mucho dolor y Rut también tuvo su parte. Esto demuestra que nuestras esperanzas, aunque diferidas, están dentro del plan perfecto de Dios para nuestras vidas. Está dentro de Su voluntad que suframos. I Pedro 4:19 dice: *"Así pues, los que sufren según la voluntad de Dios, entréguense a su fiel Creador y sigan practicando el bien."* Puede que Noemí esperara no dejar Belén para vivir en Moab, pero el plan de Dios era diferente para ella y aunque fuera doloroso. Su amorosa bondad hizo que le devolviera la alegría, le quitara la pena y la amargura y la llevara de vuelta a su amada Belén, donde volvió a llenar sus brazos. Él es un buen Padre.

Podemos ver claramente cómo Él tejió y elaboró su voluntad y su plan en la vida de Noemí, e incluso podemos apreciarlo porque tenemos la Biblia para mostrarnos el panorama general del plan de redención de Dios. Era necesario que Noemí soportara la pérdida porque el Señor necesitaba llenar su vida con un propósito. El viaje a Moab era un propósito; que Rut fuera a Belén era un propósito. Si no hubieran ido a Moab, Rut no habría ido a Belén, no habría conocido a Boaz y no se habría casado con él para dar paso a la genealogía de Cristo (que se puede ver en el Libro de Mateo, capítulo 1 del Nuevo Testamento). María necesitaba tener un marido piadoso para ayudar a criar a Jesús, Hijo de Dios. Ese esposo piadoso provenía de la línea de Rut y Boaz.

Cuando se trata de nuestras vidas, sin embargo, no tenemos ese lujo de observar nuestras vidas desde una tribuna de la manera que hemos podido observar la de Noemí. Pero Dios también está haciendo su voluntad y sus propósitos en nuestras vidas. Es posible que usted también esté soportando años de dificultades, pero permítame compartir una escritura que me da esperanza y solidifica mi confianza en que Dios está en control; por lo tanto, debo soportar las dificultades porque soy hijo de Dios:

Hebreos 12:7-13 (NVI) dice:

Lo que soportan es para su disciplina, pues Dios lo está tratando como a hijos. ¿Qué hijo hay a quien el padre no disciplina? Si a ustedes se les deja sin la disciplina que todos reciben, entonces son bastardos y no hijos legítimos. Después de todo, aunque nuestros padres humanos nos disciplinaban, los respetábamos. ¿No hemos de someternos, con mayor razón, al Padre de los espíritus, para que vivamos? En efecto, nuestros padres nos disciplinaban por un breve tiempo, como mejor les parecía; pero Dios lo hace para nuestro bien, a fin de que participemos de su santidad. Ciertamente, ninguna disciplina, en el momento de recibirla, parece agradable, sino más bien penosa; sin embargo, después produce una cosecha de justicia y paz para quienes han sido entrenados por ella. Por tanto, renueven las fuerzas de sus manos cansadas y de sus rodillas debilitadas. Hagan sendas derechas para sus pies, para que la pierna coja no se disloque, sino que se sane.

Me parece interesante la última frase*: " para que la pierna coja no se disloque, sino que se sane "*. Lo que nos dejó cojos no nos destruirá o dañará más ("no nos incapacitará"), sino que provocará nuestra curación. Así pues, nuestra esperanza aplazada está provocando nuestra curación. ¿Puedo gritar aleluya? ¡Aleluya!

De las escrituras, podemos decir audazmente que lo que Él está trabajando es para hacernos como Él y prepararnos para el regreso de Cristo Jesús. Veremos a Jesús en su esplendor como Rey de reyes y Campeón. Toda nuestra esperanza aplazada hará realidad los planes de Dios para nuestras vidas. Como Noemí, nos alegraremos.

CAPÍTULO 3

Procesado Para Crecer

Los procesos por los que pasamos para desarrollarnos y convertirnos en individuos y cristianos maduros pueden ser una parte muy difícil de la vida de uno. Mientras estemos vivos, siempre habrá una necesidad de pasar por procesos que produzcan crecimiento. Ya sea que el proceso de crecimiento se deba a la necesidad de desarrollo del carácter, personal, social, espiritual o emocional, el hecho es que cuando hay crecimiento, hay dolor involucrado. Habrá alguna medida de dolor que tendremos que soportar.

Debo admitir que duele crecer. Si estuviéramos dispuestos a revelar entre nosotros lo difíciles que son los procesos de la etapa de crecimiento, desearíamos y admitiríamos que preferimos saltarnos algunos de esos procesos antes que pasar por ellos. Pero los procesos de crecimiento son un dolor necesario que todos tenemos que soportar si queremos crecer de un nivel a otro. Así que decidimos apretar los dientes y aguantar mientras los atravesamos. En realidad, no hay opción si deseamos madurar a lo largo de las distintas etapas de la vida. Digo "deseosos" porque no todos están dispuestos a soportar la disciplina necesaria durante los procesos de crecimiento. Tendremos que soportar las dificultades que la vida nos presenta para crecer y madurar si queremos triunfar finalmente.

Todos podemos estar seguros de que los problemas llegarán. Eclesiastés 9:12 (NVI) nos pinta la dura verdad. Dice: " *Así como los peces caen en la red maligna y las aves caen en la trampa, también los hombres se ven atrapados por una desgracia que de pronto les sobreviene*". Esa es la realidad de la vida: los problemas se nos vienen encima sin avisar y sin ser bienvenidos. No les importa si los queremos o no; están aquí de visita. Nos gusten o no, se empeñan en quedarse hasta que están preparados para irse.

Donde hay vida, siempre habrá problemas oportunistas que entrarán en nuestras vidas y nos desafiarán a crecer simplemente porque pueden hacerlo. Nadie se salva de ellos. Son oportunistas porque ven nuestra vida como una oportunidad para visitarnos y, por lo tanto, se invitan a sí mismos a entrar. El mejor estratega no puede planificar con éxito contra ellos porque nunca suelen anunciar cuándo, a quién o cómo van a venir. Simplemente llegan.

Nuestro Dios es el único Dios sabio; por lo tanto, Él ve la sabiduría en permitir que estos problemas entren en nuestras vidas porque sabe que es imperativo para nuestro desarrollo hacia la madurez. Él utiliza las dificultades de la vida como herramientas para procesarnos.

Él también nos lleva deliberadamente a algunos de estos desafíos para que podamos ser podados y procesados como la aceituna en ese maravilloso aceite. Sin desafíos, seremos personas subdesarrolladas.

Por curiosidad sobre las similitudes entre nuestro procesamiento y el de la aceituna, decidí investigar el proceso por el que pasan las aceitunas para producir ese codiciado aceite. Descubrí que las aceitunas se recogen y se tamizan para eliminar las hojas y las ramitas. A continuación, se lavan para eliminar el polvo y la suciedad, y se aplastan para arrancar la pulpa y poder liberar el aceite. A continuación, los trabajadores prensan la pulpa de las aceitunas hasta formar una pasta que permita obtener pequeñas gotas de aceite, paso que se mantiene hasta que se produce más aceite. Aun así, esto sólo se hace durante un periodo de tiempo, ya que si se mezcla demasiado tiempo, aunque se producirá más aceite, la vida útil se reducirá. A continuación, el producto pasa por el proceso de purificación, que es cuando se separa el aceite del agua y los sólidos de la aceituna. Cuanto más se refine, mejor será la calidad del aceite producido.

Creo que el proceso para que la aceituna se convierta en aceite es similar al de nosotros al ser procesados por Dios. Fuimos escogidos por el Señor, limpiados por la sangre de Jesús, triturados, purificados y refinados para su gloria.

El olivo y sus frutos eran muy valiosos para los israelitas, tanto que hay muchas referencias al olivo en sus diversas formas mencionadas a lo largo de la Biblia. El aceite de oliva es tan valioso que había casos en los que había guardias para asegurarlo. También se intercambiaba por otros objetos de valor. El aceite de oliva tiene un gran significado para el pueblo judío. En los tiempos bíblicos, significaba honor, alegría, bendiciones y favor, y se utilizaba con frecuencia para fines como la cocina sagrada y la unción.

Muchos de nosotros deseamos ser favorecidos, bendecidos e incluso ungidos por Dios para poder sobresalir en nuestras vidas y hacer su voluntad. Sin embargo, para que eso se logre en nuestras vidas, tenemos que ser procesados por el Señor. Ese procesamiento es similar al proceso por el que pasa la aceituna para producir lo mejor de su ser.

Nosotros también tenemos que ser cosechados o elegidos por el Señor. Luego, pasamos por el difícil período de ser aplastados. Cuando somos aplastados, es un tiempo de ruptura para nosotros: toda nuestra naturaleza pecaminosa queda expuesta. Cuando somos reflejados por la Palabra de Dios, vemos un reflejo que muestra cuanto necesitamos para ser más como Cristo. La exposición es para que podamos ser conscientes de quiénes somos y de qué reflejo necesitamos replicar. También nos da esperanza porque se nos recuerda que el Espíritu Santo está dentro de nosotros y que está trabajando en nosotros.

Nuestro quebrantamiento es un lugar vulnerable para nosotros. Nos sentimos vulnerables porque nuestro verdadero yo está expuesto ante el Señor. Ahora somos conscientes de que Él ve todo lo que hay en nuestro interior. Estamos desnudos espiritual, emocional y psicológicamente, y todos nuestros compromisos sociales están ante Él. Nuestro estado de quebrantamiento abre la puerta de la oportunidad para que construyamos esa relación sólida con el Señor porque ya no tenemos que cubrir esas cosas que nos hacen sentir vergüenza. En vez de eso, podemos ir audazmente al Señor con ellas, y podemos ser desarrollados en personas de sustancia con un carácter sólido: no es un mal lugar para estar, debo decir. Puede ser difícil, pero no es un mal lugar. Todo está expuesto por el aplastamiento, y eso es duro, pero es necesario para iniciar el proceso de nuestro crecimiento. A todos nos gusta que nos hagan crecer, pero, como he mencionado antes, rara vez queremos pasar por las etapas de crecimiento. El proceso de crecimiento incluye varias etapas que deben tener lugar antes de que alguien o algo pueda considerarse crecido o maduro. El olivo tuvo que crecer hasta la madurez antes de que pudiera producir frutos, y la aceituna tuvo que madurar hasta la fase de ser madura antes de que pudiera ser considerada perfecta para ser procesada para el aceite o para ser consumida. Del mismo modo, nosotros también tenemos etapas de crecimiento hasta la madurez y nuestro quebrantamiento es una etapa vital de nuestro desarrollo. Pasamos por algunas pruebas rigurosas que se utilizan para ayudar a quebrantarnos. Ese período de quebrantamiento por el que el Señor nos lleva es extremadamente agonizante porque está destinado a exponer todo lo que hay dentro de nosotros que no se parece a Él. La exposición puede hacernos sentir ganas de esconder la cabeza en la arena como un avestruz debido a la vergüenza ante nuestro santo Señor. Es un lugar de desnudez ante Él-cuerpo, alma y espíritu-nada está oculto. Me gusta el hecho de que, aunque Él ve y conoce las complejidades de nosotros, nos ama de todos modos. Debido a su amor, sigue comprometido a viajar con nosotros a través del proceso de convertirnos en hijos de Dios.

Entonces pasamos a la siguiente etapa de nuestro proceso, que es el desgarro de la carne. Debemos notar que el tiempo de Dios para cada etapa de nuestro proceso depende totalmente de Él y de su infinita sabiduría. La duración de cada etapa del proceso también es determinada por el Señor. Sin embargo, podemos beneficiarnos significativamente si nos sometemos rápidamente al proceso. Nuestra reacción natural es luchar contra el proceso porque a nadie le gusta el dolor, pero en lugar de luchar contra el proceso, debemos rendirnos a la disciplina del Señor. Personalmente, hay momentos en los que quiero que el proceso termine rápidamente. Me he dado cuenta de que tengo que ser deliberado en ser paciente durante mi período de disciplina. Al mismo tiempo que me animo a mí mismo, te imploro a ti también que no te impacientes durante el proceso. Sé que esto puede ser difícil, especialmente cuando el proceso a veces dura años. Puede ser difícil, pero inténtalo. Si no lo haces, puedes encontrarte enfadado o incluso decepcionado con el Señor. Ese estado emocional puede alterar tu perspectiva y tus respuestas al Señor en lugar de ver su amor apasionado por ti, que es la razón por la que Él se está tomando el tiempo para procesarte. Aguanta; eres un trabajo en progreso.

Es prerrogativa del Señor llevarnos a través de las diferentes etapas de nuestro procesamiento -que sacarán lo mejor de nosotros- y a un ritmo que Él sabe que podemos manejar. Imagina conmigo una hoja de papel que tiene dibujada la imagen de una persona, y que pretendes recortar la imagen. Normalmente, cortaríamos continuamente hasta tener la imagen en nuestras manos. Imaginemos que somos esa hoja de papel en la mano del Señor y que Él quiere cortar del papel una imagen que tiene en mente. Lo que el Espíritu Santo hace es cortar suave y pacientemente la imagen, no de una vez porque no podríamos manejarla, sino durante un período de tiempo, de acuerdo con lo que Él sabe que es mejor. Él procede hasta que corta la imagen de ese papel. Él corta lentamente para eliminar los diversos aspectos de nuestra naturaleza pecaminosa como la lujuria, el engaño, la codicia, la impureza, la avaricia, el orgullo y todo lo que nos separa de Él. A pesar de que Él está cortando suavemente la impiedad, todavía nos sentiremos como si estuviéramos muriendo por el proceso, porque esos viejos comportamientos, las viejas formas de pensar-las viejas formas de ser y hacer están siendo sacadas de nosotros y esa extracción es muy dolorosa. Ese aspecto de nosotros que representa la naturaleza pecaminosa... esa persona que estamos acostumbrados a ser toda nuestra vida... Él lo está quitando porque esa es la única manera en que podremos reflejar a Cristo en todo lo que somos.

Un árbol se poda para que esté más sano, sea más atractivo y dé más fruto. Del mismo modo, el proceso de desgarro o poda tiene como objetivo producir lo mejor de nosotros. Mientras corta el viejo yo, también está formando en nosotros el carácter de Cristo, moldeándonos a la semejanza e imagen de

Cristo. Nuestras mentes están siendo renovadas, y estamos aprendiendo a vencer al mundo y las cosas del mundo para que los deseos de la carne, los deseos de los ojos, y el orgullo de la vida pierdan su control sobre nosotros. Cuando el periodo de desgarro se ha completado, entonces pasamos por el periodo de prensado en la pasta para que el aceite, el dulce aroma y la unción comiencen a gotear lentamente de nosotros. En ese momento, nos pareceremos mucho más a Cristo, hecho que también se hace visible para los demás. El período de prensado, o como yo lo visualizo, el período de exprimido, es otra etapa crucial para que el aceite pueda salir de nosotros. Nos convierte en réplicas de Cristo Jesús, viviendo y hablando como Él.

Hubo una época en Jamaica en la que, cuando queríamos leche de coco para cocinar, teníamos que rallar el coco seco, añadir agua y luego pasar el coco rallado por un colador para extraer la leche. Al final del proceso, nos quedaba una leche rica y cremosa, lista para ser utilizada para hacer una deliciosa comida. También teníamos lo que llamábamos la basura, que se tiraba. Imagino que nuestro periodo de prensado es similar a eso. Mientras nos exprimen, se produce un cambio en nuestro interior, y ese cambio es transformador. Estamos siendo transformados de un estado a otro, al igual que la aceituna de un fruto precioso a un aceite codiciado de propósito. El resultado de la transformación suele ser muy hermoso. Tu transformación es hermosa. La basura, que es nuestra naturaleza pecaminosa, es procesada fuera de nosotros.

La aceituna tiene que pasar por un proceso final, el de la purificación, durante el cual se eliminan el agua y los restos del fruto de la aceituna y lo que queda es aceite de oliva puro. Del mismo modo, nosotros tenemos que pasar por el proceso de purificación. El Señor ve lo que no siempre vemos o no queremos ver, como las motas de injusticia que hay en nosotros y que pueden hacernos impuros. Para asegurarse de que somos puros, el Espíritu Santo, que es nuestro purificador, nos lleva a través de la etapa de purificación. Este proceso garantiza la eliminación de las impurezas. Las impurezas son la naturaleza pecaminosa que puede causar que volvamos a un viejo estilo de vida o comportamientos y corromper a la gente piadosa a tener comportamientos impíos. Mientras somos purificados, también estamos aprendiendo como mantener y continuar esforzándonos hacia la piedad. Por lo tanto, nuestra esperanza es diferida para permitir el proceso de nuestro crecimiento. Creo que la necesidad de que seamos procesados es la razón principal por la que nuestra esperanza es diferida; es un método para que seamos disciplinados como hijos.

Como hemos visto, el proceso de crecimiento es doloroso pero necesario porque necesitamos morir a lo que es impío y desarrollarnos para ser ciudadanos responsables del reino de Dios. Sin embargo, nunca es un dolor desperdiciado porque hay un propósito en su dolor. Sin estar profundamente herido y haber sentido un dolor insoportable, no habrá mucho crecimiento personal ni profundidad en Dios. Afortunadamente, no podemos elegir la lección o el período de crecimiento. Si pudiéramos hacerlo, no nos ofreceríamos a ser procesados porque puede ser muy difícil. Además, siempre creemos que estamos bien; somos lo suficientemente maduros, por lo que no es necesario ningún otro procesamiento.

Aunque pensamos que somos muy maduros, pero cuando nos colocan en algunas situaciones, nos damos cuenta de que necesitamos más crecimiento y desarrollo. El Señor lo sabe, y es por eso que orquesta la disciplina y nos coloca en situaciones que nos obligan a crecer. Por muy dolorosas que sean estas situaciones, siempre es mejor pasar por el proceso que permanecer inmaduros, especialmente cuando la expectativa de nuestro desarrollo no coincide con nuestras etapas espirituales y psicológicas en la vida. Ninguna experiencia se desperdicia durante el proceso; todo se utiliza para desarrollarnos para ser como Cristo. Porque es necesario que crezcamos, el Señor retrasará su respuesta a nuestras oraciones para que la espera produzca madurez.

Al reflexionar sobre la sabiduría de Dios al procesarnos, he pensado en cómo su proceso nos convierte en personas íntegras. La integridad no tiene precio y sin embargo es costosa. El proceso de desarrollar la integridad es muy costoso y es difícil de lograr porque toma años desarrollarla y mantenerla consistentemente. Uno tiene que pasar por el proceso de desarrollo porque no se puede comprar. Ser una persona íntegra significa que tus palabras son fiables y tu carácter es digno de confianza. Sin embargo, es caro cuando se pierde porque es muy difícil de restaurar. La restauración de la reputación puede llevar años si se pierde, por no hablar del impacto que su mala conducta tendrá en su comunidad. Por lo tanto, es vital soportar el proceso de Dios. Al hacerlo, sacaremos de nuestras vidas una vasija de honor invaluable y sagrada, que habrá valido su disciplina. Es bueno crecer y desarrollarse en la persona que Él quiere que seamos.

El Espíritu Santo es nuestro procesador porque sabe cómo desarrollarnos para ser más como Cristo. Nuestro desarrollo espiritual afectará nuestra madurez psicológica y social. Un fundamento espiritual sano y sólido es necesario para desarrollar una vida espiritual fuerte-ese fundamento espiritual afectará todas las áreas de su vida. Afectará las perspectivas psicológicas y sociales y su desarrollo durante el proceso de crecimiento.

Mientras tenga una base sana, nuestro desarrollo espiritual puede ayudarnos a tener una perspectiva sana de nosotros mismos y de la vida. Estamos formados por cuerpo, alma y espíritu, y cada aspecto de nosotros se interrelaciona con los demás. Nuestra vida espiritual no está aislada de las demás áreas de nuestra vida. Ni mucho menos. Como hijos de Dios, nuestra vida espiritual debe influir en toda nuestra vida y en todas nuestras esferas de influencia. Todas están correlacionadas. A medida que el Señor nos refina y purifica, nuestra curación holística se ha activado. El proceso de renovación de nuestra mente comienza. Tener la mente de Cristo cambia nuestra forma de pensar; desarrollaremos una mejor percepción de nosotros mismos y de todo lo externo.

Como consejera, una de las terapias que me gusta es la Terapia Cognitiva Conductual. Esta terapia muestra la relación entre la forma en que pensamos y cómo nuestros pensamientos afectan a nuestros comportamientos. La forma en que pensamos nos afecta porque el Señor sabe que si nuestra mente no está renovada, puede afectar la forma en que nos relacionamos con Él, con nosotros mismos y con los demás, así que el Espíritu Santo trabaja en la renovación de nuestra mente. Una mente renovada nos afecta psicológicamente, lo cual tiene el poder de transformar nuestras vidas. Por ejemplo, si alguien cree que es poco atractivo, eso hará que la persona tenga una baja autoestima, lo que afecta la forma en que se relaciona con uno mismo, con el mundo y con Dios. Sin embargo, al renovar su mente, si deciden aplicar la escritura que dice que son hechos temerosa y maravillosamente y permiten que eso desafíe esa manera destructiva de pensar, con el tiempo, esa mentalidad será renovada y el cambio ocurrirá. Entonces veremos la transformación en la disposición de la persona, así como la forma en que ven y se relacionan con Dios y la gente.

Una mente renovada afectará al individuo espiritual, psicológica y socialmente. A medida que se nos procesamos, podemos ver que la transformación se lleva a cabo holísticamente. Mientras somos procesados, nos desarrollamos espiritualmente. Estamos cobrando vida en Cristo. Una vez estuvimos muertos a causa de nuestras transgresiones y pecados, pero ese cambio está teniendo lugar a medida que nos sometemos continuamente a la obra de renovación de

Dios en nuestras vidas. El plan de Dios de procesarnos es traer vida y vida en abundancia. Su intención no es matarnos. La única manera de que crezcamos holísticamente es estar dispuestos a soportar el aplastamiento, el desgarro y la purificación de todo nuestro ser.

Recuerdo que cuando acababa de convertirme en cristiana, era una mujer enfadada. De hecho, estaba enojada antes de convertirme en cristiana, pero cuando entregué mi vida a Cristo, la justicia de Dios puso de manifiesto lo enojada que estaba. Necesitaba pasar por el proceso de Dios para aprender a controlar el enojo, pero ¿cuál era la causa de raíz? Necesitaba desesperadamente cambiar porque no estaba representando bien a Cristo con la ira controlándome en absoluto. También estaba afectando la forma en que me relacionaba con el Señor y con la gente. Había ocasiones en las que me enojaba, y la gente reaccionaba con una mirada de intimidación que me rompía el corazón porque no era el impacto que quería tener en las personas como una dama piadosa. Por lo tanto, tuve que someterme al proceso de Dios sobre mí.

El proceso fue duro porque la ira era sólo el síntoma de un problema arraigado. Tuve que encontrar la raíz del mismo y seguir la receta y la disciplina de Dios para desarraigar y sanar los problemas. También tuve que aprender la forma en que Dios responde a Él, a los demás y a mí misma. ¿Te imaginas? Me enojaba con el Señor, lo cual era un estado tan triste. Fue tan difícil que hubo momentos en que pensé que nunca desarrollaría el carácter de Cristo y lo reflejaría en todos mis caminos. Era desalentador, pero con una sumisión constante a la Palabra de Dios, muchas oraciones, ayuno, y la determinación de no reaccionar sino de confiar constantemente en el Espíritu Santo en cuanto a cómo responder, a lo largo de los años, pude ver el cambio que ocurría mientras el Espíritu Santo trabajaba silenciosa pero exitosamente en mí. A medida que me iba transformando, me iba afectando espiritual, psicológica y socialmente, además de físicamente.

La ira tiene una forma de afectarte físicamente, así como de aumentar tu presión sanguínea y tu ritmo cardíaco. Te deja sintiéndote desconcertado y culpable. Por eso, agradezco la diligente labor del Espíritu Santo en mí. Una de las cosas por las que rezaba era para que el Señor me diera un espíritu apacible y tranquilo. Hablar de un proceso para llegar a ser gentil es un reto, ¡oh chico! Pero con el Señor como mi procesador, hoy puedo decir que he recorrido un largo camino, y puedo ver la transformación. Ya no soy tan reactiva en situaciones que antes me habrían hecho enojar, y la ira ya no tiene la oportunidad de dominar mi vida. Soy un trabajo en progreso.

La correlación entre nuestro procesamiento espiritual para el crecimiento y cómo afecta a todas las áreas de nuestra vida no puede pasarse por alto. Cuando nos sometemos al procesamiento de Dios, nuestra vida espiritual tiene prioridad. Como resultado, afecta a todas las áreas de nuestra vida por igual. A medida que crecemos espiritualmente, también crecemos psicológicamente, lo que afecta a nuestra madurez social e influye en la forma en que nos relacionamos con Dios, con nosotros mismos y con los demás, así como en la forma en que respondemos a diversas situaciones. El siguiente diagrama muestra la interrelación de nuestro proceso.

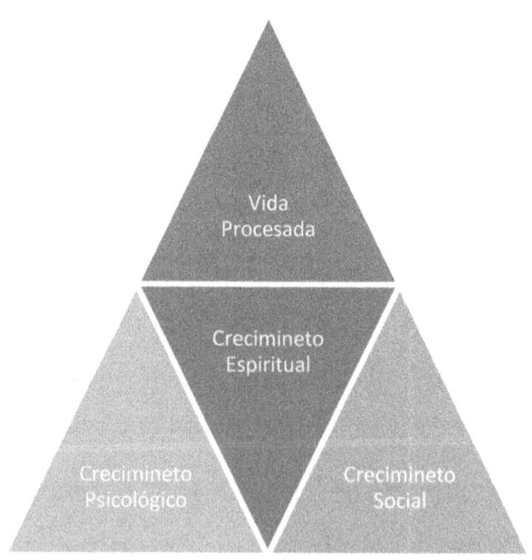

Lo contrario es cierto: cuando un individuo no se somete al Señor para ser procesado por Él, entonces afectará su madurez espiritual así como todas las áreas de su vida. Una vida espiritualmente inmadura afecta negativamente todo el ser de la persona. Su inmadurez será obvia hasta que se rindan completamente a la obra de Cristo en su vida.

Los individuos que eligen no pasar por los periodos de procesamiento o los abortan son usualmente inmaduros espiritualmente o subdesarrollados, lo cual tambIén afecta su madurez psicológica y social, y como manejan las responsabilidades. Esto se puede observar en algunas de sus elecciones, comportamientos y respuestas en diversas situaciones, a pesar de tener el aura de un cristiano disciplinado. Hacen un trabajo impresionante de parecer un hijo de Dios que ha pasado por el programa de disciplina de Dios. Tienen el rasgo de hablar fuerte y condenar las fallas de los demás mientras tienen una actitud piadosa mientras se resisten al procesamiento de Dios para desarrollar un carácter auténtico. Su piedad es muy convincente para el que no discierne, pero es aborrecida por Dios. Para tal individuo, siempre hay un día de exposición, que a veces puede ser muy escandaloso y embarazoso. Ese día ciertamente vendrá para un hijo de Dios porque debemos ser disciplinados para llegar a ser como Cristo si somos verdaderamente suyos y esperamos pasar la eternidad con Él. Ese día es su día de quebrantamiento, que los llevará al arrepentimiento y a la entrega completa al Señor. Es el lugar donde Dios quiere que estén, y es una oportunidad para que comience el proceso de crecimiento. Todos tienen la oportunidad de arrepentirse y permitir que el Espíritu Santo los lleve a través de ese proceso para crecer después de ese momento de exposición. Es un lugar difícil para estar, pero uno con una maravillosa seguridad de restauración. Ese periodo de quebrantamiento y restauración tiene el potencial de hacer crecer a la persona grandemente en todas las áreas de su vida, convirtiéndola en una mejor persona de lo que era antes de que comenzara su periodo de procesamiento. Por muy doloroso que sea, siempre es mejor soportar las dificultades que estamos experimentando actualmente que pasar por una experiencia escandalosa más adelante. Nuestro período de disciplina trabaja dentro de nosotros la habilidad de hacer elecciones sabias, y nuestras decisiones son usualmente medidas contra la Palabra de Dios. Es mejor cambiar hoy y brillar mañana que ocurrir lo contrario; es decir, que la inmadurez resulte en una situación vergonzosa, y luego tener que ser procesada para que podamos brillar. Lo contrario es muy difícil, por lo que es mejor si soportamos el proceso ahora y no después. Quédate ahí; el trabajo está avanzando.

Ser procesado por Dios afectará positivamente a la vida de los demás. Vivimos y existimos dentro de comunidades, por lo que a medida que los cambios se producen en nuestras vidas, todos aquellos con los que entremos en contacto se verán afectados por el amor y la compasión de Cristo que emanan de nuestras vidas. Esto se debe a que estar con Cristo afectará a nuestro bienestar emocional y social, y eso suele ser muy contagioso. Debemos influir positivamente en nuestro mundo; estamos influenciados por Cristo para efectuar un cambio global. Debemos ser los conductos de Cristo en nuestro mundo. Por lo tanto, al pasar tiempo con Cristo, siendo procesados por el Espíritu Santo, debemos ir a nuestras diversas esferas como embajadores de Cristo, dando esperanza en situaciones aparentemente sin esperanza.

Cuanto más sometidos estemos a Cristo, más nos pareceremos a Él. Para que nuestra vieja naturaleza pierda su control sobre nosotros, tenemos que alimentar nuestro espíritu. Cuanto más frecuentemente sea alimentado, más fuertes nos estamos haciendo espiritualmente, lo que se reflejará en todas las áreas de nuestra vida y contribuye a que tengamos un bienestar saludable. Todos podemos trabajar en cambiar comportamientos malos o destructivos; sin embargo, tenemos que ser procesados por el Espíritu Santo para que podamos llegar a ser como y reflejar a Cristo. Para que crezcamos espiritualmente, tenemos que ejercitar consistentemente disciplinas espirituales tales como ayunar, orar, pasar tiempo con el Señor para que podamos construir un vínculo con Él, estudiar la Palabra de Dios, y servir y confraternizar con otros. Siempre debemos estar dispuestos a dar con sacrificio, así como practicar el silencio ante el Señor. Apaga todo y disfruta de la tranquilidad para poder escuchar la voz del Espíritu Santo dentro del silencio. Los periodos de soledad ayudan a conectar con uno mismo y con Dios. Estas son algunas disciplinas espirituales que nos alimentan espiritualmente y fortalecen nuestro espíritu mientras vencen nuestra naturaleza pecaminosa.

Al ejercitar estas disciplinas, estamos desarrollando un anhelo por la presencia de Dios y las cosas de Dios. Estas son algunas de las actividades en las que participamos con Dios mientras pasamos por nuestro proceso. A medida que pasamos tiempo con el Señor, Él nos revelará Su corazón, así como nos enseñará y nos llevará a profundizar en Él. Pasar tiempo con el Señor mientras somos procesados por Él nos cambia. Me he dado cuenta de que Él cambia las cosas que valoramos durante el proceso para que empecemos a valorar lo que es más importante. Él cambia nuestro apetito por lo temporal para que comencemos a desear las cosas eternas. Creo que estarás de acuerdo conmigo en que, al final, es preferible que Dios cambie nuestros corazones a que seamos inmaduros.

Por lo tanto, Él trabaja asiduamente para hacernos santos. El plan de Dios es que seamos santos como Él es santo. Puede haber personas que crean que es un requisito imposible, pero si el Señor no supiera que podemos ser santos como Él es santo, entonces no lo habría dicho. De hecho, debido a la obra completada en Cristo Jesús, podemos vivir vidas santas. Sin embargo, para que seamos santos se requiere una sumisión total al poder del Espíritu Santo. Debemos crecer hasta la madurez en Cristo y reflejar y representar a Él ante los demás. Nuestro proceso también se hace para producir justicia. Cuando usted se mira en el espejo de la Palabra de Dios, ¿el reflejo de quién está viendo? ¿Estás aplicando lo que o quién estás viendo cuando lees la Biblia? Cuando recién me convertí en cristiano, leí en la Biblia que Satanás es el padre de las mentiras, y en ese momento, todavía estaba diciendo mentiras. Pero cuando leí que Satanás es el padre de los que dicen mentiras, eso fue toda la motivación que necesitaba para trabajar en dejar de mentir. No quería parecerme a Satanás de ninguna manera, forma o manera. Ciertamente no quería que fuera mi padre; tampoco quería que me consideraran su hijo. Oré fervientemente y me esforcé por dejar de mentir diciendo la verdad con más frecuencia que antes. Me llevó algún tiempo, pero con el poder del Espíritu Santo, ese hábito se ha roto. Quiero parecerme a Jesús y representarlo bien. Estoy decidido a cambiar, así que he aplicado diligentemente la Palabra de Dios a mi vida.

Actualmente estoy leyendo el Libro del Levítico, y estoy viendo los requerimientos de Dios a los israelitas para una vida santa, así como las cosas que hacen para el arrepentimiento, el perdón y la redención de sus pecados. Muestra lo mucho que significa la santidad para Dios. Él es un Dios santo y exigió la santidad para poder habitar entre los israelitas. Él exige lo mismo de nosotros: debemos ser santos. Quiere pasar tiempo con nosotros para que podamos disfrutar de la compañía mutua. Le encanta pasar tiempo con nosotros; tenemos que ser santos para que eso suceda. Tenemos que vivir rectamente para que eso suceda. ¿Sabías que Dios comió con Moisés y los otros líderes de los israelitas cuando estaban en su viaje a la Tierra Prometida? Subieron a la montaña y se reunieron con Dios, y Él comió y bebió con ellos. Pasaron el rato juntos, ¿te lo imaginas? Dios proveyó la comida, por supuesto. Ese es el tipo de relación que el Señor quiere con nosotros también. Él no busca una relación de hacer y no hacer, sino una relación íntima.

Recuerdo que, siendo un joven cristiano, trabajé en una organización en la que tenía que caminar una buena distancia para llegar a la oficina. Lo agradable para mí era que había un tramo del viaje en el que el Señor se reunía conmigo en la cima del camino, y hablábamos durante todo ese tramo hasta el trabajo. Era nuestro lugar de encuentro; siempre hablábamos y nos reíamos juntos. Por lo general, siempre estamos hablando, pero para mí, ese era nuestro lugar especial. Ahora, tenemos momentos especiales para reunirnos, y siempre estamos hablando porque Dios Padre, Hijo y Espíritu Santo son mis mejores amigos. Pasamos muchos buenos momentos en ese tramo del camino.

A Dios le encanta tener una relación con sus hijos, tanto que nos llama amigos. Su amistad con nosotros es importante, así que Él nos purga y procesa para que podamos ser santos porque la impiedad es una barrera entre nosotros. El ser procesados por Dios nos hace correr hacia El frecuente y fervientemente en oración, lo cual nos ayuda a acercarnos al Señor. Nuestro procesamiento hace que ocurran muchas cosas. Estamos siendo hechos a la imagen y semejanza de Dios. La vieja naturaleza está siendo cambiada en una nueva creación, y buscamos Su presencia frecuentemente. Nuestra vida espiritual está creciendo, y nos estamos volviendo más íntimos con Cristo. Por todas estas cosas, digo: *"Continúa procesándome, Señor Jesús. Quiero ser más como Tú"*.

Seamos sensibles a la obra del Espíritu Santo mientras somos procesados, para que podamos saber cuándo el Señor está usando una situación particular como herramienta para refinarnos. El Señor también envía la pobreza y la riqueza a nuestras vidas, así que Él podría estar usando cualquiera de las dos para procesarnos, o usa otras situaciones para moldearnos. Sí, Él puede usar la riqueza para procesarnos. Al igual que la pobreza, la riqueza puede ser usada para probar nuestros corazones. Tus dificultades, tu período de procesamiento, son por una razón.

Puede que no siempre sepamos por qué o qué es exactamente lo que Él está trabajando, pero siempre podemos hacer una introspección para ver lo que necesita ser cambiado y pedir al Espíritu Santo que nos cambie. Hay veces que nosotros somos la razón por la que nuestra esperanza se posterga, ya que podemos estar resistiendo lo que Él está trabajando en nosotros. A veces, nuestro estilo de vida y nuestras elecciones nos hacen candidatos a su procesamiento. El Señor nos anima a pensar siempre en nuestros caminos. Hay algunas maneras injustas que pueden necesitar ser cambiadas dentro de nosotros, pero después de la terminación del procesamiento, estaremos listos para las respuestas con respecto a esa esperanza diferida.

Incluso mientras escribo este capítulo, estoy pasando por una larga temporada de procesamiento, pero por muy doloroso que sea el proceso, he decidido soportar la disciplina de Dios porque quiero seguir reflexionando y creciendo en Él. No me rendiré por nada. Me digo constantemente que todo lo que no es eterno -las cosas que no puedo llevar más allá de la tumba- no son realmente tan importantes, y no me rendiré por ellas. Todas son temporales, pero lo que el Señor está haciendo en mí es para su gloria eterna. A lo largo del proceso, tenemos que hablar con nosotros mismos para soportarlo y recordarnos constantemente que Dios es un Padre bueno que nos ama apasionadamente. También clamo a Él por ayuda, pero recuerdo que este no es mi primer período de procesamiento, y al final de los anteriores, me alegré de haber pasado por ese período porque había madurado a otro nivel en todas las áreas de mi vida.

Hoy, me siento tranquila en mi espíritu porque estoy soportando el proceso y tratando de no preguntarme cuándo terminará. Me he estado despertando deliberadamente desde las 3:00 a.m. hasta las 5:45 a.m. sólo para adorar al Señor porque estoy decidida a desafiar y aplastar el pensamiento de que estos años de proceso no terminarán. También lo hago porque el miedo y la fe libran una feroz batalla en mi interior. Hay momentos en los que me cuesta creer que el Señor resolverá todas las cosas para mi bien, que Él sabe lo que está haciendo con mi vida. Por eso, me aferro a Dios pasando tiempo con Él, orando, ayunando, incluso con momentos de llanto, y apoyándome en lo que dice la Biblia. Estoy decidida a mantenerme enfocada en la integridad de Dios, que es quien dijo ser y que hará lo que dijo que haría. Me recuerdo a mí misma mi historia con el Señor: que Él siempre ha sido fiel, y he visto sus poderosos actos en las vidas de otros. Reproduzco en mi mente el hecho de que Él caminó amorosamente con aquellos en la Biblia que, aunque estaban dando pasos de fe, lo hicieron con el miedo muy presente en su viaje de fe, por ejemplo, Abraham.

Abraham y Dios eran amigos. La Biblia nos dice que el Señor visitaba regularmente a Abraham e incluso cenaba con él. Ganó batallas con la ayuda de Dios, pero por miedo, negó que Sara fuera su esposa.

Conozco a mi Dios, y confío en que Él tiene un tiempo designado para mis avances. Estoy totalmente entregada al Señor, y tengo hambre y sed de justicia, confiando en que Él vendrá por mí. Sin embargo, hay momentos en los que el miedo y la fe se enfrentan agresivamente en una batalla por la posesión de mi corazón. Creo que eso es lo que vivió Abraham. La batalla es muy hostil porque el miedo busca tener poder sobre mí. A veces, cuando parece tener la ventaja y estar ganando a pesar de mis mejores esfuerzos de citar y creer en las escrituras, el miedo parece ser el oponente más fuerte. Hay momentos en los que parece que el miedo le ha dado a la fe un sólido golpe, enviando la fe al suelo, aparentemente fría mientras el miedo extiende sus tentáculos por mi corazón. Se apodera momentáneamente de mi corazón con el objetivo de incapacitarme y poner en duda la bondad de mi Dios. Pero la fe no puede estar fuera de combate; todo lo que necesita es recuperar la fuerza del tamaño de un grano de mostaza, y el Señor aumentará esa fuerza para que pueda recuperarse y luchar por la victoria. La lucha está fijada, pero el miedo no lo sabe. La fe surgirá porque el mayor está en mí, y Él hace que la fe impregne mi ser. Aunque parezca estar fuera, resucitará y ganará esta lucha porque Dios le dará la victoria. La fe es mi favorita en esta lucha, así que la alimento deliberadamente con todo lo que la revivirá y la hará la luchadora dominante de mi corazón. ¿Por qué? Porque me ayudará a superar y restaurar mi fe en que Dios está trabajando todo para mi bien, y no tiene un contendiente en la ejecución de sus planes para mi vida. *"¡Ningún muchachito puede ponerlo a prueba!"* En otras palabras, no hay rival para nuestro Dios; Él arrasa con nuestros enemigos sin tocarlos. Nuestros enemigos son Sus enemigos, así que no debemos temer a nuestros desafíos, a los que vienen contra nosotros, o a las cosas que actualmente enfrentamos. Sólo recuerda el miedo que estás siendo procesado porque eres hijo de Dios y Él está trabajando su propósito en y a través de ti.

Por lo tanto, debido a la batalla, presiono. No me rindo y Dios no me deja ir. Me mantengo donde puedo encontrar esperanza, y normalmente la encuentro cuando rezo y leo mi Biblia. Me gusta orar entre las 12:00 a.m. y las 6:00 a.m. He estado usando intencionalmente bloques de tiempo para combatir las artimañas del enemigo que busca usar este tiempo de procesamiento para arrojar dudas, preocupación, ansiedad, miedo, desesperanza y pensamientos de que Dios se ha olvidado de mí o no me está viendo, o que el cambio no vendrá. No me daré por vencido durante el período de procesamiento porque todas las cosas están trabajando para mi bien.

Cada vez que el proceso se vuelve intenso y hay momentos de desánimo, me esfuerzo más haciendo algo que me ayude a reenfocar mi atención en el Señor y no en mis desafíos. Esto puede ser a través de la oración y el ayuno o la adoración. Le pido al Señor que me revele más de sí mismo. Además, le pido que me lleve a profundizar en Él mientras leo su Palabra. La disciplina es dura, y hay momentos en los que también me siento ansioso cada vez que miro el cañón de mis desafíos, pero debo ganar esta batalla contra el desánimo y evitar que la desesperanza se instale en mí mientras espero el tiempo del Señor para mis avances.

Debo decir, sin embargo, que esos tiempos que he reservado a propósito para orar y ayunar, adorar y dar gracias, me han hecho crecer en la apreciación del procesamiento de Dios y abrazar mis desafíos. Me han llevado a otro nivel en Cristo Jesús. Me encuentro orando y agradeciendo a Dios por elegir procesarme porque es sólo para mi bien, y estoy desesperada por su cambio en lugar de estar desesperada por que termine. He compartido esto contigo para que te animes a saber que no estás sola. Entiendo tu viaje, que hay dolor en el proceso, pero no te rindas. Aguanta; el cambio está llegando.

Mientras soportas el proceso, no pierdas lo que ya has conseguido. Tal vez ahora mismo no puedas ver lo que ya has conseguido porque tus retos actuales pueden haber empañado tu perspectiva. Me complace recordarte que ya has alcanzado el regalo más maravilloso de la vida eterna y todas las bendiciones que la acompañan. Es un don precioso que no muchos han recibido o elegido, así que asegúrate de no perderlo o tirarlo. La intención de Satanás es robar, matar y destruir. Si él puede convencerte de que tires la toalla, renuncies a tu regalo de salvación y te alejes de un Dios amoroso, entonces usando una situación temporal, te habrá robado el mejor regalo que jamás podrías recibir, haciendo que regales lo eterno por lo temporal. Mira a Judas; él pensó que el dinero era el mejor regalo, mantuvo eso como su enfoque, traicionó a Jesús por ello, y al final, se dio cuenta de que había hecho la elección equivocada y no pudo vivir con el peso de su decisión. Como resultado, se suicidó. Permítanme reiterar: conserven lo que ya han alcanzado; no vale la pena perderlo. Tus desafíos temporales actuales pueden parecer más importantes que la vida misma, pero eso es una mentira; sólo espera que el Señor lo resuelva para tu bien. Su proceso nunca es en vano.

Mientras esperamos que nuestras estaciones cambien, por favor sepa que hay bendiciones en la espera. Mientras esperamos, busquemos esas bendiciones, como el hecho de que estamos creciendo a través de nuestros desafíos. Apuesto a que no sabías que podrías haberte arreglado con o sin las razones de tu desafío. Puede que ayer tuvieras la certeza de que te ibas a hundir, pero no fue así. Hoy estás aquí, más fuerte que ayer. En medio de todo esto, se está produciendo un crecimiento, y si reflexionaras sobre cómo estabas la semana pasada, te sorprenderías al ver que ahora eres espiritual y emocionalmente más fuerte que entonces. El proceso está haciendo su trabajo y estarás bien.

El Señor no te ha dejado solo en medio de tus desafíos. Él está ahí contigo, como un águila y su aguilucho: cuando le está enseñando a volar, lo suelta en el aire, se cierne y vigila al aguilucho, y antes de que llegue a la zona de peligro, el águila vuela por debajo de su retoño y lo atrapa antes de que caiga al suelo. Imagino que el aguilucho puede agitar las alas por el miedo, el pánico y el estrés de que su madre lo haya dejado para que caiga al vacío. Incluso puede pensar que tiene la peor madre por hacer una cosa tan mala al soltarlo para que muera, pero lo que no sabe es que su madre ha estado cerca todo el tiempo. Sólo así aprenderá a volar. Nuestro amoroso Padre hace lo mismo por nosotros; nos permite pasar por esos periodos difíciles, pero está ahí mismo con nosotros para que no se nos acerque ningún daño. Estamos a salvo con Él. Él nunca nos dejará ni abandonará durante nuestro período difícil, independientemente de la duración. Él siempre está con nosotros.

Recuerdo haber compartido con un amigo recientemente que estos tiempos difíciles también nos están preparando para el final de los tiempos. Hay cristianos que están siendo perseguidos en algunas partes del mundo, y no sabemos cuándo llegará nuestro momento, cuando nosotros también tengamos que elegir entre Cristo y el statu quo.

El Señor es intencional y estratégico en su procesamiento de nosotros. Nos está preparando no sólo para representarlo bien aquí en la tierra, sino también para que tengamos un impacto en nuestro mundo. Además, nos está preparando para la gloria eterna. La Biblia nos anima a soportar las dificultades como disciplina porque Dios nos está tratando como hijos. Si no somos disciplinados, entonces seríamos considerados hijos ilegítimos. Debemos someternos al Padre de nuestros espíritus y vivir. Mientras soportamos la disciplina, fortalezcamos nuestros débiles brazos y nuestras débiles rodillas confiando en la bondad de Dios para que salgamos adelante. Mantén la barbilla en alto, porque nuestros problemas ligeros y momentáneos están logrando para nosotros una gloria eterna que supera con creces todo lo que estamos pasando y lo que pasaremos. Aunque nos encontremos con dificultades por todos lados, no estamos destruidos. Saldremos adelante. Puede que estemos perplejos por nuestras situaciones, tal vez no podamos entender el gran "por qué", pero ¿adivinen qué? No tenemos que estar desesperados porque tenemos alegría por medio de Cristo Jesús. Podemos elegir con algunos esfuerzos y fe estar alegres durante nuestros tiempos difíciles. No tiene que consumirnos. Haz algo de ejercicio o sal a caminar; te ayudará a levantar tu estado de ánimo.

Estamos siendo procesados, pero de ninguna manera estamos abandonados por el Señor nuestro Dios. Si la vida te ha arrojado algunos limones amargos, utilízalos para hacer una tarta de merengue de limón. No te preocupes, no serás destruido. Recuerdo que un día le dije al Señor que una situación particular me hacía sentir avergonzada cada vez que ocurría, y Él me dijo*: "Pero no te avergüenzas"*. Él estaba en lo cierto: aunque me sentía avergonzado, en realidad nunca me sentí avergonzado porque Él había amortiguado las experiencias. Eso me enseñó que necesitaba poner las cosas en perspectiva. Necesitaba recordarme a mí misma: *"Estoy siendo procesada, no destruida"*. Abracemos nuestro procesamiento como niños que están siendo disciplinados como hijos para la gloria eterna. Aunque sea difícil, saldremos como oro puro. Estemos decididos a que aunque Él nos mate, confiaremos en Él.

El Señor nos está procesando para llevarnos a otro nivel o para hacer nacer Su propósito en nuestras vidas. Ya que Su propósito prevalecerá, creo que es la razón por la que necesitamos soportar para que podamos estar preparados para ejecutar Su propósito en esta tierra. Nuestro mundo está en confusión y necesita nuestra presencia en algunos de esos lugares y situaciones difíciles y horribles. Usted está siendo preparado para su misión única en y para este mundo. Se te necesita. Hay personas que esperan que impactes en sus vidas. Aguanta; tu cambio está llegando. Trata de evitar centrarte en cuándo va a llegar tu cambio, sólo debes saber que va a llegar y regocijarte en tu proceso.

El periodo de procesamiento tiene numerosas etapas. Otra etapa por la que pasamos periódicamente es lo que yo llamo el proceso de lijado. El papel de lija es un papel cubierto de abrasivo que se utiliza para alisar un objeto. El lijado de un objeto requiere que el carpintero sea paciente, ya que conseguir que el objeto sea liso y uniforme en todos los ángulos es un proceso lento y tedioso. Un borde áspero puede ser punzante, lo que también es doloroso. ¿Alguna vez se le ha clavado una astilla de madera y se le ha clavado en el dedo? Es una experiencia dolorosa y molesta, y es muy difícil quitar la astilla de la carne. Si no se retira por completo, puede causar una infección; por eso, para evitar que la gente se pinche, el carpintero se asegura de que el objeto sea liso, sin bordes ásperos. Nuestro proceso de lijado es igualmente necesario para trabajar en nuestros bordes ásperos para que no ofrezcamos una interacción espinosa a los demás. Por lo tanto, el Espíritu Santo trabaja diligentemente en suavizar nuestras asperezas. Somos el objeto del afecto de Dios y debemos irradiar sus características.

Por lo tanto, Él amorosamente hace citas para que seamos lijados. El proceso de lijado se utiliza para refinar nuestros bordes ásperos con el fin de librarnos de esas potenciales astillas para que podamos brillar con el reflejo de nuestro Padre.

Este proceso es diferente, ya que la mayoría de las veces involucra a otro individuo que tiene la capacidad de meterse en la piel de uno provocando deliberadamente para divertirse maliciosamente. O bien, su provocación puede estar alimentada por el odio, lo que hace que la experiencia con ellos sea abrasiva. El encuentro suele dejarnos exasperados, confundidos y completamente estresados en cuanto al motivo de la provocación. O tal vez se trate de una situación en la que alguien te cae inexplicable y apasionadamente mal. Cada vez que ve a esa persona o interactúa con ella, se siente enfurecido. Ningún tipo de evasión ha conseguido librarte de tus sentimientos de aversión hacia esa persona en particular, porque los pensamientos sobre ella no te dejan en paz. Su ausencia no ha hecho que tu corazón se encariñe con ellos.

¿O puede ser que el tratamiento abrasivo sea el resultado del egoísmo? ¿Quizás, sólo quizás, tú eres el instigador de la creación de la abrasión dentro de tu comunidad? Como resultado, el Señor ha iniciado el proceso de lijado para dar en ti el fruto del Espíritu. Independientemente de la razón de la lija, saber que vamos a entrar en esa situación particular nos deja aprensivos. Incluso con nuestros mejores esfuerzos para evitar el resultado familiar, desafortunadamente, la cosa que anticipamos con temor, que es otra ocurrencia de la experiencia abrasiva con ese individuo, ocurre de nuevo. ¿Estás tan familiarizado con estas situaciones como yo? Estas situaciones pueden ser bastante difíciles, por no decir otra cosa. No importa lo que hagas: por lo general, algo desencadena la discordia, lo que da lugar a una posible reacción tan explosiva como una bomba atómica o puede que te sometan al silencio. Tal vez la mejor vía sea ser pasivo-agresivo o simplemente flácido. Sea cual sea tu respuesta, la experiencia tiene un impacto malsano en ti, que te hace sentir cada nervio y no sabes qué hacer para resolver esta experiencia tan dura. Amigo, este es nuestro proceso de lijado. La situación es la abrasión que se utiliza para desarrollar el fruto del Espíritu en nosotros y para enseñarnos a amar a la gente a la manera de Dios. La experiencia está destinada a lograr un objetivo concreto, por lo que aunque tratemos de evitar el entorno o la persona, no tendremos éxito durante mucho tiempo. Además, hacerlo sólo prolongará el proceso. Incluso si tratamos de huir del proceso y éste queda incompleto, nos encontraremos en otro momento con una persona diferente, pero con una experiencia similar, por lo que es mejor que nos quedemos quietos hasta que el Señor nos procese y luego nos libere.

Tanto en nuestro mundo moderno como en la iglesia, los actos de amor y bondad no son nuestros atributos más fuertes. De hecho, parecen ser características en peligro de extinción entre nosotros los humanos. Cuando escucho las noticias en todo el mundo, los informes de las atrocidades que cometemos unos contra otros me hacen preguntarme si hay un complot para borrar la raza humana. La iglesia no está exenta; el amor y la bondad también corren el riesgo de estar en peligro. Pero como pueblo de Dios, tenemos la misión de establecer el Reino de Dios. En consecuencia, el Señor considera necesario procesarnos para que demos el fruto del Espíritu a fin de influir en nuestro mundo roto. Nuestra iglesia y nuestras sociedades modernas necesitan que seamos los conductos del amor, la alegría, la paz, y los ejemplos de la longanimidad, la paciencia, la amabilidad, la bondad, la fidelidad, la mansedumbre y el autocontrol.

Amar a la manera de Dios es ejercer el fruto del Espíritu. También implica asegurarnos de no envidiar, no ser jactanciosos, orgullosos, groseros o egoístas. Nos esforzamos por no enojarnos fácilmente, por no llevar un registro de los agravios, etc. Nos resistimos a deleitarnos en el mal y nos alegramos de la verdad. Somos protectores de los que necesitan protección, y eso incluye no chismorrear ni manchar la reputación de alguien. Siempre confiamos, siempre esperamos, y perseveramos incluso cuando estamos sufriendo. Todas esas cosas requieren nuestra acción deliberada en medio de una situación difícil. Eso no es un paseo por el parque en absoluto. Debo añadir que dar este fruto no es opcional. No podemos practicarlos de vez en cuando o cuando nos apetezca. Desarrollar este fruto requiere nuestra participación activa en la situación más difícil. Es durante estos periodos de discordia cuando el Espíritu Santo trabaja en nosotros para desarrollar cada parte del fruto mientras nos enseña a responder con amor. Cada una de ellas es crucial para nuestro bienestar y tiene un gran valor en nuestro bienestar general. Estas características esenciales pueden contribuir a la reducción de los factores de estrés en nuestras vidas y tienen un impacto en el individuo que también está involucrado profundamente en el proceso. Nuestra respuesta en amor o gentileza -contradictorias a las suyas- puede ayudar a cambiar la situación y posiblemente nos ayude a hacer un amigo, o al menos, a hacer la situación un poco más amigable.

En 1 Corintios 6, se nos anima a responder cuando estamos en disputa con alguien, es decir, *"¿No sería mejor soportar la injusticia? ¿No sería mejor dejar que los defrauden?"*. Estas son preguntas muy serias que se hicieron porque había disputas entre los hermanos corintios. Se nos desafía a elegir renunciar a nuestros derechos en aras del amor, la paz y la unidad. Se necesita fuerza interior y voluntad para renunciar a nuestro derecho a tener razón. De ninguna manera estoy sugiriendo que asumamos la posición de victimizarnos como si estuviéramos equivocados si no lo estamos. Sin embargo, decidir renunciar a nuestros derechos permite insuflar vida a la situación dando espacio al Espíritu Santo para que el fruto del Espíritu se desarrolle en nosotros mientras cambia la temperatura de la interacción. Es un camino difícil de recorrer, pero también es uno que ha sido bien transitado.

Creo que hay que tener agallas para ser cristiano. Obedecer a Cristo no es para los débiles de corazón ni para las personas inflexibles. Tenemos que ser flexibles, resistentes y estar dispuestos a hacer lo que no es común. Tenemos que hacer lo difícil y lo que no está de acuerdo con el statu quo, es decir, dejar que prevalezca la norma bíblica del amor en lugar de la venganza y el odio. Tenemos que estar siempre dispuestos a ser agentes de cambio. Si no estamos dispuestos a ser el catalizador presentando una diferencia en la situación abrasiva al responder con un carácter que muestre el fruto del Espíritu o el amor a la manera de Dios, podemos fácilmente ser parte del problema en lugar de la solución. Me apresuro a decir que estas son características de fortaleza, no actos de cobardía. Cuando respondemos con bondad o ejercitamos la paciencia, se necesita fuerza de voluntad y mucha ayuda del Señor. Parece mucho más fácil responder de una manera que coincida con nuestros agitadores, pero responder con amabilidad, amor y paciencia enviará un poderoso mensaje de que estamos cambiando el status quo.

Repetiré que es muy difícil cuando se está desarrollando el fruto del Espíritu, pero avanzamos en ese camino dando un paso a la vez. Estoy seguro de que preferiríamos soportar este proceso de lijado a que se produzca la otra cara de la moneda, que supone desprestigiar el Reino de Dios.

No se trata de un proceso de microondas, sino de uno minucioso que tiene fallos en el camino. Los ingredientes clave en este proceso son la voluntad de someterse a la obra del Espíritu Santo y la obediencia a la Palabra de Dios. A medida que continuamos sometiéndonos al Espíritu Santo respondiendo a la persona de una manera que es característicamente antinatural para nosotros (considerando que nuestros deseos naturales suelen ser tomar represalias y defenderse), estamos afectando a la otra persona positivamente, incluso si no hay ninguna indicación de que eso ocurra. Continúa presionando con determinación para complacer y obedecer a Dios mientras rezas para que la abrasión se detenga. ¿Te imaginas cómo impactarías a la persona si la invitaras a comer o le regalaras algo en lo que está interesada o incluso te ofrecieras a rezar por ella o con ella? Nuestro amor es un amor extravagante en acción que influirá en el cambio que puede traer la paz a la situación mientras refleja a Cristo como resultado.

Me apresuraré a decir que hay algunas circunstancias en las que, por mucho que ejerzamos el fruto del Espíritu, no podremos influir en el cambio, pero estamos siendo cambiados por la abrasión constante, que es el propósito del proceso: cambiarnos. A Dios le importa que lo representemos bien en nuestras situaciones difíciles. Nuestras respuestas reflejan tanto a Dios como a su Reino. ¿Ha escuchado alguna vez a alguien comentar el comportamiento de un compañero cristiano diciendo: *"Se llama a sí mismo cristiano"* en un tono muy condescendiente? Ya sea justificable o injustificable, ese es un comentario familiar que se hace cuando se considera que estamos representando mal a Dios. ¿Te acuerdas de Moisés y Aarón? No llegaron a la Tierra Prometida porque representaron mal a Dios ante los israelitas. Los israelitas refunfuñaban contra Dios porque querían agua. Para suplir su necesidad, el Señor le ordenó a Moisés que le hablara a la roca, y el agua brotaría de la roca. Sin embargo, como Moisés y Aarón estaban enojados con los israelitas, golpearon la roca en lugar de hablarle. De este modo, representaron mal a Dios ante los israelitas. Del mismo modo, debemos hacer lo que es correcto a los ojos de todos. En la medida de lo posible, seamos pacificadores y resistamos los actos de venganza.

La manera en que respondemos y nos relacionamos con nuestros agitadores indica si estamos representando a Dios de una manera que le agrada o lo estamos representando mal. Podemos saber cómo lo estamos representando por nuestra reacción a su respuesta. ¡Anímese! Inicialmente, puede que no respondamos de la manera que deberíamos, pero no se condene. Con el tiempo, el cambio ocurrirá porque el Espíritu Santo está trabajando fielmente dentro de usted. Por favor, permítame advertirle aquí. No te estoy animando a aceptar el abuso o a ser aterrorizado en el nombre de Cristo. Si una situación es abusiva o estás siendo aterrorizado, repórtala. No aceptes el abuso como la forma en que Dios te procesa. De ninguna manera. Una situación que está siendo usada para producir un carácter como el de Cristo es muy diferente a una situación abusiva, y estoy seguro de que usted sabría si está siendo abusado. Sin embargo, permítame aclarar. Estoy hablando de situaciones en las que sientes que estás siendo tratado injustamente, ya sea en tu comunidad, iglesia, trabajo o escuela, o dentro de tu familia. Si estás siendo maltratado, eso, amigo mío, no se está procesando. Por favor, busca ayuda. El procesamiento de Dios está destinado a sacar lo mejor de nosotros, conduciéndonos a un lugar donde lo reflejamos respondiendo a los demás de la manera en que Cristo nos responde. Que siempre recordemos que nuestro propósito en este mundo es representar a Cristo y sólo a Él.

Veámoslo desde esta perspectiva: nuestras situaciones abrasivas son bendiciones disfrazadas; ayudan a sacar de nuestro interior nuestra necesidad de reaccionar de forma contenta y egoísta y nos permiten cosechar las recompensas de la satisfacción y la alegría, que son inconmensurables. Sin las abrasiones que encontramos periódicamente, no llegaremos a ser tan refinados como deberíamos ser para ser un reflejo de Cristo dentro de nuestras esferas. Este proceso forjado en nosotros hace que nos centremos en los demás y siempre es más satisfactorio cuando nos centramos en las necesidades de los demás, especialmente en un mundo tan individualista. Necesitamos pasar por esta lija porque es la preparación para el plan de Dios para nuestras vidas. Por muy difíciles que sean, necesitamos estos periodos de lijado para poder estar preparados para nuestro destino. Tenemos que ser conformados a la imagen y semejanza de Dios y por eso cada detalle de nuestro carácter tiene que ser refinado y procesado. Nos perjudicaría llegar a nuestro destino mal preparados para él, reconociendo entonces que deberíamos haber desarrollado un atributo particular o haber sido sazonados con la gracia o la misericordia para poder extenderla fácilmente a alguien que la necesita desesperadamente, pero nos faltó la visión para verlo. O que deberíamos haber cambiado nuestro comportamiento antes de llegar al lugar del propósito. Para evitar todas esas cosas, el Señor nos lleva gentilmente al proceso de lijado para suavizarnos mientras nos construye y prepara para ese destino para el que fuimos creados.

¿Alguna vez te has detenido a considerar por qué el Señor piensa que es tan importante procesarte o hacia dónde te está llevando? ¿Alguna vez le has preguntado a Dios cuál es su objetivo para ti? ¿Por qué permite que ocurran estos procesos? ¿Es el proceso sólo para asegurar que estemos en el cielo? Estoy seguro de que también es para cumplir Su propósito para ti aquí en la tierra. Permíteme animarte a hablar con Él; Él está dispuesto a revelarte Su propósito. Hoy es un buen día para tomar algunos momentos de soledad para pasar tiempo con el Señor para hacer esas preguntas. Te alegrarás de haberlo hecho; pasar tiempo con el Señor siempre es refrescante.

El destino es una llamada, así que el proceso tiene que hacer su maravilloso trabajo en nosotros. Someterse a ser procesado es siempre beneficioso. Esto es para que no tengamos que hacer repetidamente las pruebas que son necesarias para exponer lo que hay en nuestro corazón y los cambios de carácter que son necesarios. Pídele al Señor que te oriente o que te guíe a través del proceso hacia tu propósito que impactará tu mundo para Él. Al pasar por tu proceso de lijado, continúa soportando la abrasión hasta que se complete. Fuiste hecho para esto. Sí, fuiste predestinado para esto; por lo tanto, fuiste construido para pasar por todos los desafíos que estás experimentando en este momento de tu vida y que experimentarás en el futuro. Si no lo estuvieras, no habrían ocurrido ni estarían ocurriendo. Saldrás como oro puro. Tus períodos de procesamiento no te matarán. De hecho, tienes la resistencia para pasar por tu proceso y salir resplandeciente y listo para tu destino. Cuidado, mundo, ¡el propósito está llegando!

CAPÍTULO 4

El Tiempo Señalado por Dios

Me he dado cuenta de que con Dios, hay tiempos y temporadas señaladas para todo en nuestras vidas. Nada ocurre antes o después del tiempo que Él ha establecido para que ocurra. Él ha declarado explícitamente en la Biblia que todo ocurre en su momento específico o señalado en nuestras vidas, comunidades y naciones. Entre tales declaraciones está lo que se registra en Eclesiastés 3:1-8 (NVI), que dice,

> *Todo tiene su momento oportuno; hay un tiempo para todo lo que se hace bajo el cielo: Un tiempo para nacer, y un tiempo para morir; un tiempo para plantar, y un tiempo para cosechar; un tiempo para matar, y un tiempo para sanar; un tiempo para destruir, y un tiempo para construir; un tiempo para llorar, y un tiempo para reír; un tiempo para estar de luto y un tiempo para saltar de gusto; un tiempo para esparcir piedras, y un tiempo para recogerlas; un tiempo de abrazarse y un tiempo para despedirse; un tiempo para intentar, y un tiempo para desistir; un tiempo para guardar, y un tiempo para desechar; un tiempo para*

rasgar, y un tiempo para coser; un tiempo para callar, y un tiempo para hablar; un tiempo para amar, y un tiempo para odiar; un tiempo para la guerra, y un tiempo para la paz.

A partir de este pasaje de la Escritura, podemos ver que el Señor considera necesario que todo tenga un período de tiempo y luego se produce un cambio y llega a su fin, seguido de un nuevo comienzo o el inicio de una nueva temporada. Para citar la última parte de la frase de Daniel 11:27 (NVI), "... *porque el momento del fin todavía no habrá llegado* ". Sin estas estaciones y cambios en nuestras vidas, sucumbiríamos a los desafíos de la vida. Hay un tiempo señalado para todo en nuestras vidas.

Las luchas que estamos atravesando tienen un tiempo señalado para llegar a su fin. Aunque las hayamos estado experimentando durante años, todavía hay un tiempo señalado para que terminen, y Dios no permitirá que pasen ni un día más del tiempo establecido porque las estaciones deben cambiar, y damos gracias a Dios por ello. El mismo Dios que no permitirá que seamos tentados más allá de lo que podemos soportar es el mismo Dios que no permitirá que aguantemos los desafíos o disciplinas más allá del tiempo asignado. El desafío es que no sepamos cuándo terminará el tiempo señalado para una situación difícil y cuándo cambiará la estación o se producirá el tiempo señalado para nuestra esperanza deseada. Queremos que la estación cambie ahora, pero normalmente es prematuro porque ya hemos tenido suficiente (en nuestra opinión) o el dolor es demasiado grande. La verdad es que no solemos saber lo fuertes que somos hasta que se nos pone a prueba, así que aguanta un poco más y respira. Terminará en el momento adecuado. Si se saca a la oruga de su capullo durante la fase de pupa de la metamorfosis, nunca se metamorfoseará. No alcanzará su máximo potencial y propósito en el mundo. El tiempo lo es todo para Dios.

Siempre estoy fascinada y extasiada cada vez que leo la Biblia, y veo que el Señor hace un pacto o promesa de que algo sucederá, y da el tiempo en que ocurrirá. Desde el momento en que Él habló hasta los capítulos o libros posteriores en que sucede, siempre me emociona ver que Sus palabras se cumplen en el momento señalado y no un día después. Esto significa que Sus palabras son dignas de confianza, y que se puede confiar en Él.

Un ejemplo es el pacto que Dios hizo entre Él y Abram en Génesis 15-18. El Señor es muy detallista y no se olvida de nosotros, independientemente del tiempo que pase, ya sea un día o 400 años. Él vigila sus palabras para cumplirlas. Cuando Abram tenía 75 años, el Señor le dijo que sus descendientes serían extranjeros en un país que no era el suyo; serían esclavizados y maltratados durante 400 años. También le prometió a Abram que aumentaría mucho su número y que sería el padre de las naciones. Luego cambió el nombre de Abram a Abraham. Eso fue significativo debido a quién se convertiría -el padre de muchos- en oposición a Abram, que significa padre exaltado. Tenía que ocurrir un cambio. Su metamorfosis tenía que ocurrir, y ocurrió con su nombre. El nombre Abraham le dio la identidad de quien se estaba convirtiendo y sería. Era su brújula; lo validaba. También era su punto de referencia de quien Dios dijo que sería aunque la promesa pareciera retrasarse. El significado del nombre de una persona es de suma importancia para los israelitas. Era una validación que el Señor mismo comenzó con Abraham, su antepasado. Era como si el nombre definiera la personalidad o las experiencias del individuo. Un ejemplo de que el nombre de alguien personifica su experiencia y la de su madre es Jabes. Jabes fue mencionado en sólo dos versículos de la Biblia, concretamente en 1 Crónicas 4:9-10. Consta que clamaba a Dios porque su nombre era su dolor, que en realidad era el significado de su nombre: dolor. El relato dice así:

> *Jabés fue más importante que sus hermanos. Cuando su madre le puso ese nombre, dijo: "Con aflicción lo he dado a luz". Jabés le rogó al Dios de Israel: "Bendíceme y ensancha mi territorio; ayúdame y líbrame del mal, para que no padezca aflicción". Y Dios le concedió su petición.*

Aunque era un hombre honorable, su nombre lo definía a él y a sus experiencias. Ese es el poder de los nombres. Por eso el Señor necesitaba cambiar el nombre de Abraham para que pudiera caminar en su propósito y convocar los mandatos de su descendencia.

El Señor había prometido que lo haría muy fructífero y que de él saldrían reyes. Había prometido dar a Abraham y a sus descendientes toda la tierra de Canaán como posesión eterna, pero en el momento en que se hizo la promesa, él era un extranjero en ese país.

Como Dios que guarda el pacto, para solidificar ese pacto entre ellos, Abraham tuvo que ser circuncidado, porque como dice la Biblia, el pacto de Dios estaba en la carne de Abraham para ser un pacto eterno. Para demostrar que es un Dios de palabra, algún tiempo después, el Señor volvió a visitar a Abraham y le dio la promesa de que al mismo tiempo, al año siguiente, Sara, su esposa, tendría un hijo. Sin embargo, Sara no creyó porque al ver su situación (la vejez había llegado y ciertas cosas son diferentes cuando se es mayor), dudó. A menudo nos centramos en nuestra situación actual y no en nuestro Dios, para quien nada es imposible. Génesis 18:13-14 recoge esa conversación para nosotros: "Entonces el Señor dijo a Abraham: "¿Por qué se ha reído Sara y ha dicho: "¿De verdad voy a tener un hijo, ahora que soy vieja?" ¿Hay algo demasiado difícil para el Señor? El año que viene volveré a ti en el momento señalado y Sara tendrá un hijo". Las promesas de Dios son fiables. Son confiables; si Él dijo que lo haría, se hará. Si Él dice que sucederá, entonces sucederá. Tal como lo había prometido, un año después, Sara quedó embarazada y dio a luz un hijo a Abraham en su vejez, en el mismo momento que Dios le había prometido. Esto se puede ver unos capítulos después en Génesis 21:2.

El tiempo señalado por Dios en nuestra vida está fijado, y nada puede cambiarlo: ni la duda, ni nosotros mismos, ni el miedo, ni el infierno y sus huestes; absolutamente nada puede cambiar los planes de Dios para sus hijos. Son sí y amén.

¿Saben de lo que me he dado cuenta? Que el tiempo señalado por Dios también incluye las dificultades, la muerte y una plétora de cuestiones. Un ejemplo clásico es San Pablo. El plan de Dios para Pablo era que fuera atado y encarcelado. El propósito del Señor para que eso le ocurriera era que diera testimonio a los gentiles y al pueblo de Israel, así como a los pequeños y grandes de Roma. Debía sufrir por el nombre de Cristo. El Señor lo había preparado para esos desafíos extremadamente difíciles, diciéndole que sucederían antes de que lo hicieran. ¿Puedes imaginarlo? ¿Pablo predicando el evangelio mientras su vida se conspiraba contra él? Sufrió ser acusado de asesinato cuando una serpiente le mordió la mano; experimentó decepciones en las relaciones, y soportó el hambre. Cuando todas esas cosas le sucedían, estaba en el centro de la voluntad de Dios para su vida. Estar en la voluntad de Dios no impidió que ocurrieran. Sí, ese es el camino que debemos recorrer también: debemos experimentar las dificultades; son parte de la vida. Cuando nos suceden cosas horribles, no significa que estemos fuera de la voluntad de Dios o que hayamos hecho algo malo. En realidad, a veces es todo lo contrario, ya que Él permite que seamos quebrantados para que podamos ser reconstruidos a su imagen y semejanza. Nuestro quebrantamiento nos lleva a las bendiciones.

A medida que recorremos el Antiguo Testamento desde el momento en que Dios hizo el pacto con Abraham, podemos ver que todo se cumple dentro del período de tiempo establecido por Dios. Lo que encuentro notable es que desde el día en que el Señor le prometió a Abram que lo convertiría en una gran nación, hasta el momento en que la primera semilla de esa promesa -Isaac- nació, pasaron 25 años. ¡Hablando de un hombre de fe! Ciertamente se necesitaba fe para esperar un cuarto de siglo para ver la primera señal de una promesa que Dios le hizo. ¿Podría haber esperado tanto tiempo? Bueno, con muchas lágrimas, frustraciones, ansiedad y dudas, tal vez en el vigésimo tercer año surgiría la fe (sonrisa). No sería para nada un paseo por el parque para mí. ¿Y para ti? Pero no para Abraham.

Imagínate a él diciéndole constantemente a Sara que lo que Dios dijo que haría, lo haría, y la respuesta de ella: "Sí, Señor, si crees que lo va a hacer, entonces lo hará, pero ya han pasado veinte años desde que te lo dijo", y continuarían su discurso al respecto. Aun así, el tiempo señalado por Dios estaba en camino. Isaac nació cuando Abrahán tenía 100 años.

Ciertamente, el tiempo de Dios no está en absoluto dentro de nuestro marco temporal. Él desafía nuestra lógica, limitaciones y argumentos humanos. Él no encaja en nuestra caja de cómo y cuándo debe operar. Todo lo que Él hace se ejecuta con precisión. Ese es el Dios al que servimos. Así que respira hondo si eres como los Abraháns que llevan más de 20 años esperando. Tu cita se acerca; Dios tiene esa fecha fijada con tu nombre escrito en ella. Permítanme reiterar: nada puede cambiarlo, así que esperen con paciencia y no traten de encontrar una alternativa, que suele tener un efecto adverso. Abraham y Sara encontraron una alternativa, y los efectos de esa decisión todavía se sienten hoy en Oriente Medio. En Jamaica tenemos un adagio que dice: "El hombre paciente monta en burro", lo que significa que es esperando que las cosas buenas acaben llegando a ti. Por lo tanto, ten paciencia y todo saldrá bien.

Fieles a la promesa de Dios, los descendientes de Abraham fueron esclavizados en Egipto tal y como Dios dijo que serían. Los israelitas se convirtieron en una gran nación, y de su linaje nacieron reyes. Los descendientes de Abraham salieron de Egipto en el momento señalado por Dios para ellos. La Biblia dice en Éxodo 12:40-42 que al final de los 430 años hasta el mismo día, todas las divisiones del Señor salieron de Israel porque el Señor veló para que todos salieran de Egipto. ¿No es asombroso? Él no envió un ángel para escoltarlos fuera; Él fue personalmente para asegurarse de que todos salieran.

Es importante notar que Él cumplió su palabra con Abrahán a pesar de que para ese momento, Abraham estaba muerto. Aun así, Dios recordó su pacto con él. El tiempo había pasado, pero Su palabra tenía que ser sostenida y guardada. Él sabía que Abraham no estaría vivo para el momento en que todas las cosas que le dijo hubieran sucedido, pero sabía que porque Abrahán honró su pacto, Él cumpliría lo que había prometido.

Tal vez se pregunte cómo es que Dios había dicho 400 años, y luego dice 430 años. Bueno, basado en mi investigación, la versión resumida es que los 430 años comenzaron cuando el Señor hizo la promesa a Abrahán directamente hasta el éxodo de los hijos de Israel de Egipto, mientras que los 400 años comenzaron desde el nacimiento de Jacob, la esclavitud de sus descendientes y su éxodo de Egipto.

Ver que el Señor mantiene su pacto a pesar de que la persona con la que lo había hecho estaba muerta, me asegura que Él es tan fiel a nosotros como lo fue con Abrahán. Creo que siempre podemos confiar en Él. Independientemente de la situación, Él mantendrá sus palabras y promesas para con nosotros.

Así es como nos comprometió su pacto; Jeremías lo escribió para nosotros en el capítulo 33: 20-21 (NVI):Esto es lo que dice el Señor:

Así dice el Señor: "Si ustedes pudieran romper mi pacto con el día y mi pacto con la noche, de modo que el día y la noche no llegaran a su debido tiempo, también podrían romper mi pacto con mi siervo David, que no tendría un sucesor que ocupara su trono, y con los sacerdotes levitas, que son mis ministros."

Nada puede impedir que Dios ejecute sus planes para tu vida. Nada. Los pactos de Dios con nosotros están bloqueados. Tenemos la confianza de saber que es ahí donde podemos encontrar la fuerza. Cuando la vida no tiene sentido, podemos saber sin duda que Dios nos tiene, y que todo se desarrollará en su momento. Adáptate a esa escritura poniendo tu nombre donde está el de David o el de los levitas, sólo para tener una realidad visual de lo precioso que eres para el Señor. Nadie puede convencer al Señor de que el día y la noche no lleguen a sus tiempos señalados. Por lo tanto, cualesquiera que sean los planes de Dios para usted y cualesquiera que sean las bendiciones que Él tiene para usted, Él hará que ocurra. Satanás no puede impedirlo porque tiene que obtener el permiso del Señor. Jesús te compró con Su sangre, haciéndote Suyo, y también te ha protegido con Sus brazos. Una vez que algo ha sido completamente pagado, ¿quién puede quitarlo? No hay nadie más grande que Jesús que pueda quitarle lo que es suyo o impedir que los que son suyos tengan lo que les corresponde. Personalmente no he leído eso en la Biblia.

Lo que sí he notado es que los israelitas se rebelaron contra Dios y pecaron, pero Él mantuvo su promesa y sus planes. A pesar de que algunos fueron desobedientes, Él mantuvo Su palabra y los llevó al lugar que había preparado para ellos antes de que comenzara el tiempo. A pesar de su comportamiento, Él les dio lo que tenía previsto que tuvieran. Él no es inconstante. Él no puede ser manipulado para cambiar sus maravillosos planes para usted, y lo que

Él quiere para usted sucederá. Apóyate en Él. Él guiará el camino, e incluso el tiempo tiene que detenerse si eso es lo que se necesita para que Él llegue a ti. Él todavía crea; Él todavía provee, sana y libera, y nada es imposible para Él. Eso significa que tu situación no es imposible para Él. Dale tiempo. Si la paciencia no es tu fuerte, entonces Él te está permitiendo el tiempo para trabajar en eso porque el tiempo es el procesador de todos nosotros. El tiempo asignado a cada estación de nuestra vida es para llevar a cabo lo que el Señor quiere lograr en nosotros. Por favor, ten en cuenta que el proceso es tan importante como el destino. El destino para nosotros es lo máximo, pero a Dios le interesa más que lleguemos a ser lo que Él quiere que seamos. Al final del proceso, la persona en la que nos hemos convertido suele ser también agradable para nosotros, y el destino será más apreciado.

Durante el proceso, podemos sentir que estamos muriendo. Eso es porque en realidad estamos muriendo interiormente a las cosas que desagradan al Señor, por lo que el dolor es tan insoportable. Recuerdo haber pasado por algunos desafíos que eran tan dolorosos, y todo lo que quería hacer era correr y esconderme en algún lugar (como si Dios no me viera. Sonríe). Solía decirle al Señor que los sacrificios vivos se mueven, pero ¿adivina qué he aprendido? Si me arrastro fuera del torno del alfarero, tendré que volver a él y el horno estará más caliente que antes de salir. Por lo tanto, es mejor permanecer en su torno hasta que el proceso se haya completado.

A pesar de lo difícil que es esperar en el Señor por lo que estamos esperando, por favor, anímese con estas dos personas registradas en Lucas 2:25-38 (NVI). Esperaron durante décadas lo que Dios les había prometido.

> *Había también una profetisa, Ana, hija de Penuel, de la tribu de Aser. Era muy anciana; casada de joven, había vivido con su esposo siete años, y luego permaneció viuda hasta la edad de ochenta y cuatro. Nunca salía del templo, sino que día y noche adoraba a Dios con ayunos y oraciones..*

Imagina conmigo que te casaras a una edad temprana y que esperaras pasar el resto de tu vida con tu esposo, teniendo y criando a tus hijos juntos. Al cabo de siete años, tu cónyuge muere antes de que puedas tener hijos. Para mí, Ana era una mujer de carácter noble. Imagino que lloró la muerte de su marido y la pérdida de lo que podría haber sido, y luego dedicó su vida y su tiempo a adorar a Dios, a orar, a ayunar y a ministrar en el templo. Persiguió al Señor y Él le dio la promesa perfecta: el regalo de que vería al Mesías. Oró y ayunó con devoción durante décadas. A la edad de 84 años, finalmente vio a Jesús como un bebé.

Habla de tener la paciencia de Job, o supongo que ahora podemos decir la paciencia de Ana (sonrisa). Eso significa que tuvo que esperar hasta que

José y María nacieran y se desposaran antes de que Jesús pudiera venir a la tierra para que ella pudiera ver al Mesías que vino a redimir a su pueblo. La promesa que se le hizo de que vería al Mesías tardó mucho tiempo en cumplirse. De hecho, podemos decir con seguridad que ella tenía 84 años antes de que la promesa se cumpliera. Pero Dios le dio su promesa; por lo tanto, el tiempo no fue un factor para Él. Después de todo, Él es el Principio y el Fin de su vida y el originador del tiempo. Su tiempo fue pasado en la presencia del Señor, así que ella no pudo haber notado el tiempo que tomó sino que se mantuvo enfocada en su hacedor. El enfoque para ella habría sido el Señor y no en el tiempo que había tomado Su promesa del advenimiento del Mesías.

¡Vaya! Yo he perdido mi enfoque en muchas ocasiones y situaciones. He hecho que las cosas que he esperado sean el foco principal y no el Señor, incluso cuando estaba hablando con Él sobre ellas. Ha habido veces en que el Señor ha sido mi enfoque principal sólo porque Él puede darme lo que quiero o necesito, no por lo que Él es; ¿no es eso triste? Señor, me arrepiento incluso ahora por elevar lo que esperaba/espero a mi enfoque principal al buscarte. Es como si estuviéramos convirtiendo esas cosas en ídolos: tienen toda nuestra atención. No me malinterpretes; no estoy diciendo que no debamos hacer nuestra petición a Dios y ser fervientes en la oración y en la guerra mientras peleamos la buena batalla de la fe, pero si esto quita nuestro enfoque del corazón del Señor y lo pone sólo en Sus manos para los beneficios, entonces necesitamos reenfocarnos para que seamos cautivados por Su corazón también.

Me alegro de que el Señor haya mencionado a Ana en la Biblia porque creo que es una mujer virtuosa. Su carácter virtuoso es digno de ser emulado, ¿no te parece? Sólo con visualizar la persona que era, podría aprender mucho de ella. Ella ejemplificó cómo es una mujer piadosa y cómo podemos responder cuando la vida nos da algunos limones amargos. Demostró cómo sobreponerse a nuestra tragedia de una manera digna. Es interesante que ella no se molestó en encontrar otro hombre, sino que corrió directamente al corazón de Dios y Él compartió gustosamente Su corazón con ella en lo que respecta a la venida del Mesías (y me imagino que también otras cosas), junto con la promesa de que ella llegaría a ver a nuestro Emmanuel. ¿Te imaginas eso? Ella pudo ver a Jesús cara a cara... Los amigos comparten con sus amigos, y Dios compartió con su amiga, Ana, su preciada posesión: Jesús el Cristo.

Ella nos mostró que debemos confiar y no maldecir a Dios-no "maldecir" o estar decepcionados con Él después de que sucede lo inesperado, sino confiar en Dios que nuestro redentor viene y veremos a Jesús manifestado en nuestras situaciones. A veces, perdemos la fe por el tiempo que tardan nuestras oraciones en ser contestadas, y eso puede ser porque, en nuestras culturas, nos hemos convertido en personas a las que les gustan las cosas hechas rápidamente, cuanto más rápido mejor. Podemos cuestionar a Dios después de que hayan pasado algunos meses o años, e incluso podemos empezar a preguntarnos si hemos escuchado a Dios correctamente o si creer en Él es sabio. Después de todo, ¿no dicen que Dios ayuda a los que se ayudan a sí mismos? (Eso no es bíblico, por cierto).

Tal vez si estuviéramos en la posición de Ana y estuviéramos esperando décadas a que viniera el Mesías, lo más probable es que hubiéramos empezado a quejarnos: "¿No profetizó Isaías que el Mesías iba a venir, pero después de todo este tiempo, no ha venido, así que tal vez estamos esperando en vano. ¿Cuándo va a venir ese Mesías? Ya han pasado cincuenta y tres años y contando...". Podríamos seguir y seguir. Nos hemos convertido en personas a las que les gusta que las cosas se hagan rápidamente, no esta espera prolongada. La paciencia de Ana y su confianza en Dios son dignas de emular. Yo personalmente podría tomar una página de su libro, ¿y tú?

Al reflexionar sobre Ana, pensé en estos versículos de Isaías 56:4-5 (NVI):

> *Porque así dice el Señor: A los eunucos que observen mis sábados, que elijan lo que me agrada y sean fieles a mi pacto, les concederé ver grabado su nombre dentro de mi templo y de mi ciudad; ¡eso les será major que tener hijos e hijas! También les daré un nombre eterno que jamás será borrado.*

Ella ganó mucho más que hijos e hijas, e incluso más de lo que este mundo puede ofrecer. Complació a su Dios, y su nombre no ha sido cortado.

La otra persona que me pareció que demostró paciencia para el tiempo señalado por Dios es un hombre justo y devoto llamado Simeón. El mismo pasaje de Lucas 2:25-35 (NVI) dice:

Ahora bien, en Jerusalén había un hombre llamado Simeón, que era justo y devoto, y aguardaba con esperanza la redención de Israel. El Espíritu Santo estaba con él y le había revelado que no moriría sin antes ver al Cristo del Señor. Movido por el Espíritu, fue al templo. Cuando al niño Jesús lo llevaron sus padres para cumplir con la costumbre establecida por la ley, Simeón lo tomó en sus brazos y bendijo a Dios:

"Según tu palabra, Soberano Señor, ya puedes despedir a tu siervo en paz. Porque han visto mis ojos tu salvación, que has preparado a la vista de todos los pueblos: luz que ilumina a las naciones y gloria de tu pueblo Israel."

.... Simeón les dio su bendición y le dijo a María, la madre de Jesús: "Este niño está destinado a causar la caída y el levantamiento de muchos en Israel, y a

El tiempo en sí mismo para Dios es un pacto, y Él mantiene ese pacto de tiempo durante miles de generaciones. Su promesa a Simeón encaja dentro del tiempo especificado de que Jesús vendría dentro de su vida. Esta promesa parece una recompensa por ser un hombre devoto y justo. El tiempo, en el caso de Simeón, lo era todo. En el momento oportuno, el Espíritu Santo lo impulsó a entrar en el patio del templo justo cuando María y José llegaron con Jesús. No se perdería la hora señalada para estar con el Rey que se le había prometido. Lo vería antes de morir. Visualiza conmigo al Espíritu Santo diciéndole a su amigo Simeón: "Entra ahora en los atrios del templo, están a punto de entrar en los atrios con el Mesías". No sólo vio la promesa que le fue dada, sino que también fue capaz de profetizar a José y María cuál era el destino de Jesús. Nuestros tiempos están en manos de Dios para que se cumpla lo que Él quiere en su tiempo señalado.

Nosotros también tenemos tiempos señalados por Dios mismo, y estos tiempos tienen nuestro propósito envuelto en ellos. Ya sea para liberarnos, salir adelante, escribir libros, dar un paso en la fe para cumplir un sueño, dar a luz a un hijo largamente deseado, o estar con el Señor, todo tiene un tiempo señalado. Podría ser el momento perfecto para acabar con ese comportamiento destructivo y entrar en tu tiempo de sanación, un tiempo para derribar cada mentira que te ha mantenido cautivo, y un tiempo para construir ese carácter piadoso. A veces, las lágrimas no vienen fácilmente, así que puede ser tu tiempo para llorar o tu tiempo de bendiciones para reír porque la alegría es tu medicina. Un tiempo de luto es bueno porque no hacer el duelo puede causar depresión, estrés y pérdida de peso, entre otras cosas. Nos da un tiempo para bailar, que es tan terapéutico; un tiempo para esparcir piedras y un tiempo para recogerlas. Necesitamos ese tiempo para abrazar a alguien porque el contacto tiene la capacidad de curar. Se necesita sabiduría para ejercer ese tiempo de abstenerse, un tiempo de buscar y un tiempo de renunciar, porque renunciar puede ser lo mejor para tu bienestar para que el Señor pueda tomar el control. Hay un tiempo para guardar y un tiempo para tirar; desordenar nuestros espacios emocionales, físicos y nuestras vidas puede ser tan beneficioso. Hay un tiempo para romper y otro para reparar. Hay un tiempo para callar -observar esta regla de oro puede jugar a nuestro favor- y un tiempo para hablar, un tiempo para amar y un tiempo para odiar. Sorprendentemente, la Biblia dice que hay un tiempo para odiar, pero sí, necesitamos odiar algunas cosas como la injusticia, la discriminación, la codicia, etc. Hay un tiempo para la guerra; sí, tenemos que entablar luchas que liberen a los oprimidos, así como permitir que reine la paz.

Mientras esperamos nuestro tiempo señalado, por muy abrumador que sea, estemos alegres en la esperanza, seamos pacientes en la aflicción y seamos fieles en la oración, porque nuestro Señor está elaborando constantemente todas las cosas para nuestro bien. El viaje puede cansarnos a veces, y la luz al final del túnel parece esquiva, pero anímate a confiar de nuevo en Dios, a esperar de nuevo, a rezar un poco más, pero nunca pierdas la esperanza. Proverbios 24:10 dice: "Si flaqueas en tiempos de angustia, ¡qué pequeñas son tus fuerzas!". Desafiémonos a nosotros mismos a no desfallecer en los momentos difíciles, y a sacar nuestra fuerza del Señor Altísimo. Veremos nuestros avances de acuerdo a la voluntad de Dios para nuestras vidas. Nuestro tiempo designado no puede ser reprogramado, cancelado, o dado a alguien más. Es nuestro y sólo nuestro.

Identifica la época o estación en la que te encuentras. ¿Es un tiempo de guerra? Entonces la paz está en camino. ¿Es una temporada de llanto en la que estás? Entonces tu risa alegre está a la vuelta de la esquina. Cualquiera que sea el tiempo o la estación, Jesús te está acompañando a través y fuera de ella. Pronto podrás liberar tu respiración contenida con un suspiro de alivio porque el Señor lo hizo de nuevo. Él hizo un camino de nuevo, proveyó de nuevo, abrió otra puerta que había parecido imposible, lo cual es Su especialidad. Él puede calificarle más allá de sus calificaciones, favorecerle, y cambiar su situación más rápido de lo que usted podría imaginar. Tu tiempo designado está llegando con dulces bendiciones que están más allá de la comprensión de cómo Él lo hizo. ¿Puedes verlo? Puede ser un poco difícil de ver en este momento, pero está llegando; simplemente no te rindas en Dios. Tus problemas fueron discutidos y pre aprobados por Dios. Él predestinó tus problemas y tu victoria. Dios está involucrado en todo lo que te concierne. ¿Realmente crees que Dios te va a dejar en tus problemas? ¿O está haciendo todas las cosas para tu bien? Él es fiel y hará mucho más que todo lo que podamos pedir o imaginar. Él tiene un largo historial de hacer hazañas en nuestro favor, y nos vigila cuidadosamente mientras hace todas las cosas para nuestro bien.

Después de la noche siempre amanece un nuevo día, y viene con la posibilidad de nuevos comienzos. La gracia y la misericordia de Dios vienen con cada nuevo día sólo para ti, y son suficientes para llevarte a través del día y para ayudarte a manejar los desafíos únicos de ese día. Mañana volverán a fluir frescas. La gracia y la misericordia son preludios de tu hora señalada, enviados para amortiguarte hasta entonces. Por lo tanto, puedes estar seguro de que en cada vida, las estaciones cambian. Por lo tanto, tu cambio está llegando porque Dios te ama demasiado ferozmente como para no obrar todas las cosas para tu bien.

Justo cuando pensaba que había terminado de escribir este capítulo, me vinieron a la mente las experiencias de Ana y de la mujer sunamita. Eran mujeres que, aunque sus trayectorias eran diferentes, tenían una cosa en común: ambas querían tener hijos, pero sólo Dios sabía el momento señalado en que llegaría su bendición

En la vida, incluso mientras esperamos el momento señalado por Dios, podemos emular la persistencia de Ana en la oración. Ella hizo continuamente su petición de tener un hijo a Dios, y lo hizo con fervor y seriedad.

En caso de que no sepas o recuerdes quién es Ana, aquí está su historia en resumen. Era una de las dos esposas de Elcaná y la que él amaba. Ana no tenía hijos, mientras que Penina, la otra esposa, los tenía. Dios había cerrado el vientre de Ana, y la Biblia dice que su rival no dejaba de provocarla para irritarla, y esto se prolongó durante años. ¿Te imaginas querer un hijo y no poder tener ni siquiera uno, y que tu rival te lo restriegue en la cara todos los días, año tras año? Ya es bastante malo tener que soportar la lucha, con la esperanza de que tal vez esta vez se quedara embarazada, sólo para ser decepcionada una vez más y mirar y escuchar a los hijos de Penina jugando, junto con las palabras burlonas de su madre a diario.

Ana era la amada, pero se sentía despreciada por no tener hijos. Al dolor se sumaba el de tener un marido que no entendía su necesidad de tener un hijo (véase 1 Samuel 1:8) o la necesidad de quitarse la vergüenza y el estigma. Vio la necesidad de poner fin al desprecio de la otra esposa y a las constantes burlas de que era estéril y a la interminable pregunta de "¿ya estás embarazada?". Pero la falta de hijos de Ana formaba parte del plan divino de Dios para ella. Parece una píldora difícil de tragar, ¿no es así? ¿Dios permitiéndole soportar tal dolor y tormento? Pero Dios tenía un plan.

De la amargura, ella lloró mucho y oró al Señor. Por favor, recuerda que esto duró años, pero el cambio tenía que llegar un día. Un día, las cosas deben cambiar; nuestros problemas no pueden durar para siempre. Vemos en el pasaje que hubo un día en que Ana fue con su esposo y Penina y todos sus hijos e hijas a adorar y sacrificar al Señor Todopoderoso. Como siempre, su rival la provocó, incluso mientras estaban en el lugar de adoración. De nuevo, ella fue a derramar su corazón sobre su angustia a Dios. El Señor estaba usando esa situación desesperada de querer un hijo para formar Su voluntad en el corazón de Ana mientras trabajaba silenciosamente en cambiar su corazón y su razón para querer un hijo.

Ella llegó al lugar en su corazón donde Dios quería que estuviera porque mientras oraba al Señor por la angustia y el dolor, hizo un voto a Dios de que si le daba un hijo, se lo devolvería a Dios. ¡Ja! Creo que eso era lo que Dios quería que hiciera todo el tiempo. La visión de Dios se convirtió en la visión de Ana. Ella llegó al lugar en su ser donde podía comprometerse a devolver su bebé a Él. El Señor esperó a que la visión creciera y diera a luz en ella, pronunciando el deseo, la intención y la promesa a Dios. Entonces Él honró su petición porque sabía que ella mantendría su promesa a Él. Ella hizo un pacto con Dios, y Él lo honró y la bendijo con un hijo al que llamó Samuel. Ana había superado su experiencia. Incluso después de darse cuenta de que ser madre es un privilegio y que no todo el mundo tiene la oportunidad, eligió dar su bebé a Dios.

El plan de Dios es que nos asociemos con Él y con su propósito para nuestras vidas y sus planes en la tierra. Él quiere que estemos disponibles para Él para que Él pueda trabajar a través de nuestras vidas un propósito que es más grande que nosotros. Debido a Su gran imagen, es necesario que Él nos lleve a través del horno para refinarnos y trabajar en los defectos característicos como el egoísmo, entre otras cosas, y para formar el carácter de Cristo que ayudará a impulsar la visión. La Biblia dice que Dios nos prueba en el horno de la aflicción (Isaías 48:10; NVI), y nos enseña lo que es mejor para nosotros (Isaías 48:17; NVI). La intención de Dios era bendecir a Ana, pero quería que ella entrara en una sociedad con Él, y eso requería un cambio dentro de ella. El cambio ocurrió a través de su quebrantamiento, que también la llevó a la victoria. No sólo tuvo un hijo, sino también otros hijos. La misión y la visión necesitaban ser trabajadas en y a través de ella. Su misión era convertirse en una madre misionera (sonrisa). La misión era dar a luz a Samuel, que se convertiría en el profeta que ungiría al primer rey de Israel y ungiría al rey elegido por Dios, David. La misión era dar a luz a Samuel y luego devolverlo a Dios. Normalmente, esa sería una decisión muy difícil de tomar, pero cuando Dios trabaja en nosotros y a través de nosotros, se convierte en un placer para nosotros. El propósito se vuelve más grande que el deseo. Ella encomendó ese hijo al Señor, a su servicio y para su gloria, porque Él tenía una gran obra que hacer para ese hijo en particular. A pesar de la burla y el profundo deseo de tener un hijo, ella necesitaba aceptar la visión y la misión de Dios para Samuel antes de poder entregarlo a Dios para Su servicio. ¡Vaya! Imagínese a su hijo siendo llamado por Dios para hacer hazañas en Su nombre. Los años de tormento no podían rivalizar con eso; palidecían en comparación. No puedo pensar en nada más gratificante que servir a Dios, ¿y tú? Ella dio a luz por la misión y para la misión de Dios. Ya no se trataba de ella, sino del propósito de Dios.

El Señor le permitió pasar por sus años difíciles, y luego la bendijo. Me encanta el versículo que dice: "Lo que me corresponde está en la mano del Señor y mi recompensa está con mi Dios" (Isaías 49: 4). El versículo 24 dice: "Los que esperan en el Señor no quedarán defraudados". El camino es duro y, a veces, no tiene sentido para nosotros, pero mientras esperamos el tiempo señalado por Dios, como Ana, nos anima a dar a conocer incesantemente nuestras necesidades a Dios, porque la oración ferviente y eficaz del justo vale mucho (Santiago 5:16). Las Escrituras nos animan a invocar al Señor y no darle descanso hasta que establezca Jerusalén (responda a nuestras oraciones) (Isaías 62:6b-7a; NVI).

Orar es necesario no sólo porque queremos que el Señor nos dé lo que le pedimos, sino también porque estamos en guerra. Satanás tratará de frustrarnos, de desgastarnos retrasando la respuesta a nuestras oraciones, como hizo con la de Daniel (véase Daniel 10). Intentará desanimarnos a rezar atacando nuestra esperanza y nuestra fe en el Dios Todopoderoso, pero debemos seguir adelante, especialmente durante los días difíciles (me refiero también a mí mismo). Nuestra espera nunca debe ser pasiva; debemos hacer insistentemente nuestra petición al Señor y hacer la guerra al enemigo. ¡Haced la guerra al enemigo, pueblo de Dios!

Hay momentos en nuestra vida en los que aceptamos algunas situaciones y circunstancias a las que nos enfrentamos, especialmente cuando lo hemos intentado y no somos capaces de cambiarlas. Puede que pensemos que no se puede cambiar, y punto; es simplemente nuestra suerte en la vida. Llegamos a ese punto en el que nos hemos afligido por ello, hemos hecho las paces con ello y nos hemos conformado. ¿Puedes identificarte con lo que estoy hablando: esos deseos, problemas, desafíos por los que hemos orado y ayunado? Hemos tratado de empujar la montaña hacia abajo, pero nada. Así que hacemos las paces con ella y continuamos viviendo nuestras vidas.

Esa parece ser la situación, desde mi perspectiva, de la mujer sunamita. El relato de su vida en la Biblia la describe como una mujer acomodada, cuyo nombre el Señor nos ha ocultado. Deduzco que era generosa, hospitalaria, persistente y luchadora cuando surgía la necesidad: una mujer de fe y discernimiento. Estaba felizmente casada con un hombre mayor. No tenían hijos; sin embargo, su situación estaba a punto de cambiar para mejor. Un día, invitó a Eliseo a comer con ellos. Ese fue el comienzo de una buena amistad que dio lugar a que ella le construyera una habitación para que se quedara cada vez que viniera a su pueblo.

Un día, cuando Eliseo se alojaba con ellos, quiso bendecirla por toda su generosidad con él y su ayudante. Le preguntó qué podía hacer por ella. Curiosamente, le preguntó si podía hablar con el rey o el comandante del ejército en su nombre. Eso hace que me pregunte por qué; tal vez ella necesitaba ese tipo de apoyo. Pero ella era una mujer satisfecha, o tal vez la satisfacción se había instalado; por lo tanto, no le permitió bendecirla.

El contentamiento no siempre es un amigo; también puede ser un enemigo de lo más que Dios tiene para nosotros. Puede hacer que nos conformemos con menos, pensando que lo que tenemos es suficiente o tal vez que no merecemos más de lo que ya tenemos, y si tuviera que pasar, habría pasado. El contentamiento puede ser un lugar para rendirse o residir con la decepción porque es más fácil que soportar el dolor y seguir adelante. Como resultado, nos convencemos a nosotros mismos de que la vida es buena de otra manera; por lo tanto, deberíamos estar satisfechos. Nos contentamos con una situación que puede hacernos desistir, creyendo que Dios tiene más para nosotros.

La vida abundante de Dios no tiene límite. Desafortunadamente, nuestras mentes pueden imaginar tanto y no más, pero Él siempre tiene más. Él tiene más niveles espirituales para que crezcamos, o tiene más materialmente para nosotros o ambos, pero siempre hay crecimiento en Él. Tenemos que luchar hasta que nos abramos paso hacia la abundancia de Dios para nosotros, creyendo que en su momento se manifestará en nuestra vida o que hemos llegado al lugar donde sabemos con seguridad que una cosa en particular no es la voluntad de Dios para nosotros.

Ella respondió diciendo: "Tengo un hogar entre mi propia gente". Eso era lo único que le importaba. Era feliz donde estaba y con la vida tal como era. Pero

Dios tenía un plan de más para ella. Nuestro Dios omnipotente escucha y conoce los deseos silenciosos, a veces enterrados, de nuestro corazón: los anhelos que no compartimos con Él ni con los demás. Lo intentamos, pero nunca podemos enterrarlos fuera de su vista. Él lo ve y lo sabe todo. Las profundidades de nuestro corazón nunca son lo suficientemente profundas como para que el Señor no pueda escuchar nuestros deseos llorando suavemente. Aunque los hayas enterrado tan profundamente y los hayas olvidado o los hayas camuflado con las diferentes cosas que darán una falsa impresión de que todo está bien, Dios todavía ve y tiene planes para esos deseos.

El profeta Eliseo le dijo que al mismo tiempo, al año siguiente, tendría un hijo en sus brazos.

Al igual que cualquiera que haya esperado y experimentado la decepción de no conseguir que lo que esperaba se manifieste en la realidad, la mujer sunamita objetó diciendo: "No, mi señor. No engañes a tu siervo, oh hombre de Dios". ¿Oyes ese dolor tan arraigado? Esta es una mujer que había tenido esperanzas antes y había experimentado el desamor. Había aceptado su decepción por no ser madre y estaba en paz con no tener un hijo, y ahora, este profeta le decía que tendría un hijo en sus brazos dentro de un año. Despertar o reavivar la esperanza era tanto para ella que le rogó que no la engañara. Tal vez pensó: "Si vuelvo a tener esperanza, puedo volver a decepcionarme", y ese dolor era demasiado grande después de haber aceptado la vida tal como era. Era feliz entre los suyos, tal vez ayudando a ser madre de sus sobrinos o de alguno de los niños de la comunidad. Estaba bien con eso. ¿Puedes identificarte con ese nivel de dolor y decepción? Ahora bien, él le decía que eso iba a cambiar, que el Señor le iba a dar un hijo, pero Dios nunca nos engaña. Todo lo que el Señor dice debe cumplirse. Quedó embarazada y tuvo un hijo por esa misma época al año siguiente. Tuvo un hijo. Después de tantos años de espera, fue madre. Ese era el plan de Dios para ella y sólo su tiempo es perfecto.

Nunca podemos saber cuándo llegará el momento señalado por el Señor para nosotros. Puede que llevemos años esperando que se cumpla esa esperanza o ese sueño. ¿Esperas tener un matrimonio saludable y dichoso, poseer tu propia casa, experimentar la promesa de una excelente salud, estar casado y tener una familia, o ser parte de una familia amorosa? Tal vez esperas tener éxito en ese ministerio o carrera o alcanzar esas metas educativas. Nunca pierdas la esperanza en esos deseos; puede que sean la voluntad de Dios para tu vida. A veces, tomará un tiempo, pero Su voluntad tiene que hacerse.

Su historia continuó. Tuvo a su hijo, éste creció, y un día, enfermó y murió en su regazo. La mujer sunamita no tenía ninguna intención de entregar su regalo prometido tan fácilmente a la muerte. Incluso con las promesas de Dios, puede haber desafíos; sin embargo, nunca debemos rendirnos sino esperar en nuestro Dios porque sus propósitos permanecerán. Después de que su hijo murió, ella lo puso en la cama de Eliseo sin decirle a su esposo que su hijo había muerto y apresuradamente fue a buscar a Eliseo.

Cuando fue a buscar a Eliseo, me imagino que debió haber luchado con el hecho de que finalmente tenía el deseo de su corazón de tener un hijo, y ahora estaba muerto. La angustia se había instalado de nuevo, y esta vez era mayor que antes, porque había experimentado la alegría de ser madre: lo que había esperado se había hecho realidad. La alegría de amar y criar a su hijo era una bendición que nunca había previsto recibir. Dios le había dado una promesa, una bendición, pero ahora estaba muerto.

Es interesante que tendamos a recordar rápidamente nuestro dolor porque así evitamos que nos vuelvan a herir. Es un medio de autopreservación. En el momento en que encontró a Eliseo, le preguntó: "¿Te pedí un hijo, mi señor? ¿No te dije que no me hicieras ilusiones?". El dolor y el esfuerzo de tener que volver a tener esperanzas requieren un gran paso en la fe de que podemos confiar a Dios nuestro corazón y no se romperá. Eso, en sí mismo, es un acto de fe. Él sí es digno de que le confiemos nuestros corazones y nuestras vidas.

Me imagino que no quería tener la esperanza de que fuera remotamente posible que tuviera y pudiera tener un hijo, y ahora esto: ¡su hijo está muerto! La razón temerosa de no querer abrir su corazón parece haber llegado a ella. No quería tener esperanzas antes de tener a su hijo porque enfrentarse a otra decepción habría sido un dolor de corazón demasiado grande para soportarlo.

Muchos de nosotros somos como ella: hemos sufrido muchas decepciones que nos han dejado el corazón roto. Y lo que es peor, el doloroso recuerdo hace que tengamos miedo de volver a creer o tener esperanza, y la idea de volver a intentarlo nos paraliza. El dolor nos consume tanto que el miedo ha hecho su hogar dentro de nosotros y ahora paraliza y dicta nuestra vida. Nuestra ruptura tardará mucho tiempo en sanar si no se la entregamos al Señor para que la repare. Aferrarnos a nuestro dolor sólo nos permite ser prisioneros de él. Reforzamos esa seguridad alrededor de nuestros corazones haciendo declaraciones de que no nos volverán a herir, lo que hace que no nos atrevamos a confiar en Dios porque puede que no nos ayude, o que le culpemos por permitir que los problemas lleguen a nuestras vidas. Por lo tanto, procedemos a asegurarnos de que no vuelva a suceder; nos volvemos inamovibles y nuestros corazones son como un muro de piedra. Nuestro mundo nos ha roto y eso ha hecho que sea difícil para nosotros volver a confiar, PERO la gran noticia es que hay esperanza porque nuestro amoroso, cuidadoso y compasivo Dios está cerca de los corazones rotos. No sólo tiene el poder de curar las heridas, sino que realmente quiere hacerlo si le permitimos entrar en nuestro quebranto. Él sana nuestro quebranto, nos restaura y nos da su paz. La sanación está disponible para ser tomada; sólo necesitamos confrontar el quebrantamiento y el dolor, y entregarlos a Dios para que Su poder de sanación haga lo que Él hace mejor: sanar y hacernos nuevos. Él se especializa en hacer que las cosas viejas pasen; las tinieblas que una vez ensombrecieron se dispersan por su luz.

Pero la sunamita no tomó la muerte de su hijo como la última palabra porque, aunque estaba dolida, sabía que su Dios le había dado una promesa y había cumplido su promesa. Siendo una mujer de fe, ella sabía que su buen Dios no la bendeciría y luego le quitaría su bendición. Por lo tanto, ella esperaba que Él hiciera algo al respecto, por lo que creo que fue a buscar a Eliseo. Insistió en que Eliseo viniera con ella y no sólo para enviar a su siervo a resucitar a su hijo.

Le animo a que clame desesperadamente a nuestro Dios, que dice: "Venid, razonemos juntos" (Isaías 1:18). Ella estaba desesperada porque Dios le devolviera lo que le había quitado, y sabía que sólo Dios podía hacerlo. Sí, hay situaciones en nuestras vidas en las que sólo Dios puede mover esas montañas, especialmente cuando no podemos ni siquiera encontrar esa fe de semilla de mostaza porque nuestra fe se tambalea como una loca. Ya sabes, esos días en los que sabemos que Dios puede hacerlo por nosotros pero fallamos en creer que lo hará por nosotros. Clama desde ese lugar desesperado, porque el Espíritu Santo está dentro y escuchará tu clamor desde ese lugar profundo de dolor y responderá. Él te responderá y aunque parezca que se demora, responderá. Nunca nos cansemos aunque el viaje parezca largo y nuestro Señor parezca estar lejos de nuestras angustias. Confiemos en que Él está haciendo todas las cosas para nuestro bien. Confiemos en Él a pesar de la duración y la incomodidad de nuestras pruebas, porque su voluntad se está cumpliendo. Recuerda siempre que *la carrera no es para el veloz, ni la batalla para el fuerte, ni el alimento para el sabio, ni la riqueza para el brillante, ni el favor para el erudito,* **sino que a todos ellos les sucede el tiempo y la casualidad** (Eclesiastés 9:11, énfasis añadido). Pronto se hará; su tiempo señalado se acerca.

CAPÍTULO 5

Maldiciones

Este tema puede despertar su curiosidad. Después de todo, usted acaba de leer los capítulos anteriores sobre la voluntad de Dios y que Él tiene un tiempo señalado para nuestros avances. Sin duda, te preguntarás cómo es que ahora estoy escribiendo sobre maldiciones. Yo también, luché con los mismos pensamientos cuando el Señor me dijo que escribiera sobre las maldiciones que causan que nuestra esperanza sea diferida. Sin embargo, eso fue antes de que obtuviera Su perspectiva desde la cual escribir. Después de que Él me dijo, gané un mejor entendimiento de cómo las maldiciones pueden causar que nuestra esperanza sea diferida. Las maldiciones de las que estoy escribiendo vienen de Dios-no de la humanidad que se maldice entre sí o de maldiciones demoníacas. Sí, algunas maldiciones vienen de Dios -un pensamiento desafiante pero verdadero. Las maldiciones de Dios vendrán sobre nosotros y nos alcanzarán si no vivimos de acuerdo con Sus leyes y estatutos para nuestras vidas, familias y naciones. Las naciones y las familias también pueden ser maldecidas por Dios.

Dios es un Dios justo y ejerce Su justicia como Él ve apropiado cuando no vivimos en sumisión a Su Palabra. Él es justo con nosotros, y debido a Su justicia, hay castigos cuando pecamos contra Él. Como personas, podemos pensar que sólo debemos ser bendecidos por Dios y que nunca debemos ser maldecidos por Él. De hecho, la sola idea de ser maldecidos por Dios suena extraña e incluso puede despertar un sentimiento incómodo dentro de nosotros o sonar malvado para nosotros: la idea de que Dios maldice a la gente. Para ser honesto con usted, rara vez he pensado en el hecho de que Dios maldiga a su pueblo. Aparte de los israelitas y sus enemigos, nunca he pensado mucho en ello. Mientras reflexionaba y oraba sobre este capítulo, luché con la idea de que las maldiciones de Dios vinieran sobre Su pueblo y me pregunté qué podría causar esto.

Tal vez creamos que eso no es algo que un Dios bueno haría a su pueblo, al menos no según nuestra teología. Nuestra teología dice que Él sólo es amoroso, amable y perdonador. Creemos que las cosas malas no deben ocurrirle a la gente buena y que Él entiende cuando no vivimos de acuerdo con las Escrituras. Después de todo, no somos más que humanos propensos a fallar. Esa es nuestra teología o creencias sobre Dios y su carácter, pero la Biblia es explícita con las advertencias de que si no obedecemos al Señor, entonces vendrán maldiciones sobre nuestras vidas. También está llena de ejemplos de personas que fueron maldecidas por Dios debido a la desobediencia a Él. Mira la raza humana; hemos estado viviendo bajo condenación desde que Adán y Eva desobedecieron a Dios. Su castigo justificó que las mujeres tuvieran que soportar el dolor durante el parto como resultado de su desobediencia e incluso la tierra fue maldecida a causa de lo que habían hecho, que fue el castigo sobre el hombre que a través del trabajo doloroso, comeremos. Ser maldecido por Dios no es una cosa de broma. Es algo espantoso caer en las manos del Dios vivo, porque cuando Dios nos maldice, sólo Él puede ayudarnos, y si el que nos maldice es el único que puede ayudarnos, entonces es una posición difícil de estar, por decir lo menos. Nuestra desobediencia obliga a un Dios misericordioso a negarnos su misericordia.

Usted puede pensar que ser maldecido por Dios es arcaico y que sólo ocurrió en el Antiguo Testamento, pero ¿recuerda a Ananías y Safira? Ellos mintieron al Espíritu Santo, y como resultado, cayeron y murieron. También, Hebreos 10:26-27 nos dice que, "Si deliberadamente seguimos pecando después de haber recibido el conocimiento de la verdad, no queda ningún sacrificio por los pecados, sino que el juicio y el fuego impetuoso destruirán". Se nos preguntó: "¿Cuánto más severamente creéis que merece ser castigado un hombre que ha pisoteado al Hijo de Dios, que ha tratado como algo impuro la sangre del pacto que lo santificó y que ha insultado al Espíritu de gracia?" Esa pregunta se hizo al Cuerpo de Cristo.

Nuestras respuestas a lo que Dios ha hecho por nosotros pueden hacer que seamos bendecidos o malditos. Dios es un dador extravagante y un juez justo; por lo tanto, tiene que actuar con justicia. Encuentro que cuando Él ejerce Su justicia, ese acto de Su disciplina también nos sirve bien porque ayuda a desarrollarnos como individuos maduros. Los relatos mencionados en el Nuevo Testamento, que es nuestro nuevo pacto, nos muestran que el Espíritu Santo se toma tan en serio nuestra obediencia a Él hoy como en los días del Antiguo Testamento. Él requiere una obediencia completa de nosotros hoy, tal como lo hizo de los hijos de Israel. Los beneficios de la aplicación de la Palabra de Dios siguen siendo para nosotros también, y cuando lo hacemos, las bendiciones seguirán a la obediencia, mientras que las maldiciones siguen a la desobediencia.

Sin embargo, no nos quedemos aturdidos por el hecho de que podamos ser maldecidos por Dios, sino que unámonos a mí y respondamos haciendo una introspección continua y corramos siempre hacia Él en arrepentimiento, pidiendo Su perdón, que Él concederá inmediatamente. Es fácil para nosotros creer que Él debe derramar continuamente sus bendiciones en nuestras vidas, tanto si le obedecemos como si no. Nuestra idea puede ser que Dios opera de manera similar a un cajero automático-tenemos una mentalidad de "Dame, dame esto, Señor" o "Dame, dame eso, Señor". Creemos que sin importar si somos obedientes o no, si decimos las cosas correctas, entonces cualquier cosa que necesitemos o queramos nos será dispensada. Nunca nos detenemos a pensar que las maldiciones vendrán sobre nuestras vidas si lo desobedecemos o vivimos una vida de desobediencia y que nuestras esperanzas pueden ser diferidas hasta que nos arrepintamos. Lo que deseamos puede no ser concedido en absoluto, porque el pecado tiene consecuencias. Pero así es, como podemos ver en Deuteronomio 27:15-26, que establece claramente que somos maldecidos por infringir las leyes sociales de

Dios, entre las que se incluyen: tallar una imagen y arrojar un ídolo; deshonrar a los padres; mover el mojón de un vecino; extraviar al ciego en el camino, y negar la justicia al extranjero y al huérfano o a la viuda. También está maldito el que se acuesta con la mujer de su padre, así como el que tiene relaciones sexuales con un animal. Un hombre está maldito si se acuesta con su hermana o suegra. Una persona mata a su vecino en secreto; uno que acepta un soborno para matar a una persona inocente; un hombre que codicia la mujer de su vecino o su casa: todos estos actos serán malditos. También seremos maldecidos si adoramos a otros dioses o nos dedicamos a la brujería.

Se espera que ejerzamos las responsabilidades sociales hacia nuestro prójimo como nos gustaría que nos hicieran a nosotros. Si no lo hacemos, las maldiciones caerán sobre nosotros. Muchos de nosotros hemos abandonado la responsabilidad de ser el guardián de nuestro hermano. Nos hemos vuelto muy individualistas en nuestro comportamiento, preocupándonos principalmente por el yo, el yo y el yo. Tristemente, hemos perdido nuestra vecindad, que se ha hecho evidente en la forma en que nos tratamos y respondemos unos a otros. Nuestro Señor Jesús nos ordenó amar al Señor nuestro Dios y amar a nuestro prójimo como a nosotros mismos. Ese es el pilar sobre el que se sostiene la iglesia, porque, sin los demás, no hay iglesia. Cuando no nos amamos unos a otros, estamos desobedeciendo deliberadamente a Dios.

No siempre nos preocupamos por el bienestar del otro, a menos que sea alguien que nos guste o con quien estemos relacionados. En el caso de estos últimos, nos esforzamos al máximo, pero en lo que respecta a los extraños, les grabamos vídeos mientras están en situación de extrema necesidad sin el más mínimo movimiento para ayudarlos mientras lo compartimos apresuradamente en las redes sociales. Nuestro amor por los demás se ha enfriado. Gálatas 5:15 (NVI) dice: *"Pero, si siguen mordiéndose y devorándose, tengan cuidado, no sea que acaben por destruirse unos a otros."*

Nuestra vecindad también puede estar ausente cuando no celebramos con los demás cuando tienen éxito. Hay veces en que algunas personas están tan resentidas o envidiosas de los ascensos de los demás o cuando están prosperando; es como si les matara ver a los demás prosperar, y si pueden hacer algo para evitar que alguien salga adelante, entonces harán todo lo posible para impedirlo. En su mente, esa persona no debería tener la oportunidad de prosperar. También actuamos de forma corrupta entre nosotros. Lamentablemente, "no todo el mundo se ríe", lo que significa que no todos los que sonríen contigo están a tu favor. Lo que hay en el corazón de una persona no es siempre lo que se dice porque se habla con la intención de engañar. La gente está plagada de la idea de que los demás no deben beneficiarse de las cosas que les harán igual o mejor que ellos. Por lo tanto, se niegan a extender una mano de ayuda a otra persona porque esa persona puede sobresalir más allá de donde se encuentra actualmente. Por lo tanto, es más satisfactorio ver a la persona luchar que verla ascender a un nivel igual.

Cuando se hacen estas cosas, puede ser fácil pensar que Dios se ha quedado dormido en su gran silla en el cielo, por lo que no está viendo lo que está sucediendo, pero tales acciones desagradan a Dios, y como resultado, requieren responsabilidad. No hay forma de evitar ser socialmente responsables con y para los demás. El amor y la bondad son necesarios en nuestras sociedades; necesitamos mostrarnos mutuamente que nos preocupamos para poder restaurar la fe en la bondad de unos hacia otros. Hacerlo nos ayudará a volver a confiar en los demás de todo corazón. Dios sabe por qué hay un castigo por no tratarnos con amor: es porque esa no era su intención respecto a cómo debemos ser. En consecuencia, cuando nos herimos, engañamos y abusamos deliberadamente unos de otros, es justo que el Señor nos castigue. Él ve el dolor de la traición que siente un hombre cuando su hijo tiene relaciones sexuales con su mujer, y que siente una madre cuando su hija se acuesta con su marido.

Personalmente, he visto y escuchado un mal en la iglesia que me ha dejado perplejo, y que tiene que ver con gente de la iglesia que ora contra otros dentro de la iglesia. Están orando para que el desastre venga sobre la gente e incluso para que algunos mueran. Oran contra otros porque quieren lo que la persona tiene o tendrá, o porque creen que la persona no debería tener algo que ellos quieren o no debería estar en una posición particular. En pocas palabras, son codiciosos, aunque la Palabra de Dios dice que no debemos codiciar. Sin embargo, debido a los deseos codiciosos, oran contra otros. Pero esas oraciones van en contra de lo que la Palabra de Dios dice en relación a cómo debemos tratar a los demás. La Biblia dice que no debemos juzgar o condenar a otros si no queremos ser juzgados o condenados. Lucas 6 nos dice que debemos amar a nuestros enemigos, hacer el bien a los que nos odian, bendecir a los que nos maldicen y orar por los que nos maltratan. Entonces nuestra recompensa será grande; hacer esto nos califica como hijos de Dios porque nuestro Padre es bondadoso con los ingratos y los malvados. Por tanto, también nosotros debemos ser bondadosos con los ingratos y los malvados, y debemos ser misericordiosos como nuestro Padre es misericordioso. Esa debe ser nuestra respuesta hacia los demás en todo momento.

Dios no responde a las oraciones que contradicen lo que está escrito en Su Palabra. Debemos medir nuestras oraciones con la Palabra de Dios para no practicar el mal contra otro. Siempre es mejor orar la Palabra de Dios, y al hacerlo, el Espíritu Santo nos guiará mientras oramos. Se nos instruye a no luchar contra la carne y la sangre, sino contra los principados y las potestades de este mundo oscuro.

Mi razonamiento es que el único ser que quiere que la destrucción venga sobre la gente es Satanás. Tiene que ser a él a quien le están rezando. Ya sea consciente o inconscientemente, están pidiendo la ayuda de Satanás cuando rezan contra alguien. En mi mente, eso es como practicar la brujería, sin embargo, parecen estar esperando que el Espíritu Santo responda a sus oraciones. Nuestro santo y justo Dios no responderá a oraciones como esas. Esos comportamientos son un hedor en Su nariz. Sin embargo, se ha convertido en una práctica de algunos en la iglesia. Su justicia no puede negarse a sí misma y tiene que ejecutar una justa recompensa por tales acciones, y Él defenderá a aquellos que están siendo atacados. El Señor dijo en Su Palabra que maldeciría a los que maldicen a sus hijos. Por lo tanto, cuando alguien maldice a un hijo de Dios, entonces Dios maldecirá a esa persona. Es un gran riesgo y una tontería cuando alguien elige pronunciar una maldición sobre el pueblo de Dios. Es mejor arrepentirse antes de que Él luche por los suyos, porque cuando lo haga, es seguro que la ruina vendrá sobre los que luchan contra sus hijos. Por lo tanto, considerémonos unos a otros y desistamos de tales prácticas. Es mejor ser prójimo respondiendo con amor y misericordia porque un juez justo siempre nos está observando.

No sólo debemos obedecer las leyes sociales de Dios, sino que tenemos que ser completamente obedientes a Él porque no hacerlo nos perjudicará, como consta en Deuteronomio 28:15-68. Esta escritura habla explícitamente de maldiciones como resultado de desobedecer a Dios. ¿Puedo añadir que los efectos de desobedecer a Dios son más numerosos que las bendiciones registradas en la primera mitad del capítulo 28? Ese es el grave impacto que conlleva la desobediencia a Dios. Al contrario de lo que esperamos de Dios -que es injusto que Él actúe con justicia cuando lo desobedecemos-, por lo general es con nuestro mejor interés en el corazón que Él ejecuta su justicia. La Palabra de Dios dice que cuando obedecemos, somos bendecidos, y la desobediencia causa maldiciones. Eso suena como una matemática que es simple así como bastante razonable.

Las maldiciones como resultado del pecado no son algo de lo que hablamos a menudo en nuestras esferas y ciertamente no a menudo en nuestras iglesias. Tal vez si las escucháramos constantemente, entonces nuestro estilo de vida sería diferente. Constantemente recitamos que somos bendecidos y no malditos; que estamos por encima y no por debajo, independientemente de nuestro estilo de vida. La Palabra de Dios está escrita para que la cumplamos. No hacerlo puede hacer que nuestra recitación sea de palabras vacías. Si no llevamos una vida santa, nuestro estilo de vida pecaminoso no da pábulo a las palabras para que se manifiesten en nuestra vida. No son más que un ruido que nos hace sentir bien y que es impotente para lograr el resultado deseado.

Cuando leo las maldiciones del Deuteronomio, me estremezco ante las repercusiones de nuestra desobediencia a Dios. Sin embargo, me consuela el hecho de que una vida sometida al Espíritu Santo puede ser obediente a Dios, así que hay esperanza para nosotros porque podemos vivir victoriosamente en obediencia a Cristo. Ser malditos no nos afecta sólo a nosotros, sino también a nuestra comunidad y a todo lo que nos concierne. Afecta a nuestras familias y a todos los que están cerca de nosotros. Alguien que es maldecido por Dios puede ser afligido con la locura, la ceguera y la confusión de la mente, de acuerdo con la Palabra de Dios. Alguien también puede llegar a ser infructuoso en todo lo que hace. ¡Vaya! Estas son algunas consecuencias serias. Un hombre puede comprometerse a casarse y otra persona se casa con ella. Estoy seguro que eso es difícil de soportar. Sabemos cuando estamos viviendo deliberadamente en desobediencia a Dios, así que cuando las manifestaciones de esas maldiciones se hacen evidentes en el caos que llena nuestras vidas, conocemos la raíz y la fuente de ese pandemónium: es como resultado de nuestra desobediencia a Dios.

De acuerdo con la Palabra de Dios, otras cosas también pueden causar que seamos maldecidos por Dios, como cuando blasfemamos a Dios o maldecimos a los líderes sobre nosotros. Cuando maldecimos al ungido de Dios, nos exponemos a ser maldecidos por Dios, y el castigo es la muerte. También, una mujer puede ser maldecida por Dios por ser una esposa infiel. Esa maldición puede causarle un amargo sufrimiento y puede ser la razón de su incapacidad para concebir. La infidelidad en el matrimonio le importa a Dios porque los matrimonios deben ser una representación de la relación entre Cristo y su esposa. También protegen la santidad de la familia. Cuando la familia se rompe, provoca un efecto dominó que llega a la sociedad. Esa es una carga que Él quiere evitar.

Otra cosa que no se debe hacer es ser un hijo de Dios que descarta la Palabra de Dios y vive independientemente de Él. Vivir independientemente de Dios y de Su Palabra es como volar con los ojos vendados. No podemos tener éxito sin Él y Su guía. El Señor se asegura de que tengamos Su Palabra para que podamos elegir vivir según ella. Dios es justo; Él no va diciendo: *"Te maldigo a ti y a ti y a ti"*, sino que nos da opciones y libre albedrío para ejercer nuestra libertad de elección. Por favor, escuchen esta conversación entre Dios y nosotros, sí, nosotros. *"Hoy pongo al cielo y a la tierra por testigos contra ti, de que te he dado a elegir entre la vida y la muerte, entre la bendición y la maldición. Elige, pues, la vida, para que vivan tú y tus descendientes"* (Deuteronomio 30:19; NVI). Ahí lo tienes: Él nos da nuestras opciones e incluso nos anima a elegir. Pero el pecado, que a menudo influye en nuestra naturaleza, hace que elijamos las cosas que nos traerán muerte en lugar de vida y maldiciones en lugar de bendiciones. A menudo, esas cosas que elegimos no parecen ser la peor de las opciones. ¡Oh, no! Siempre vienen con un aspecto muy atractivo y nos atraen hacia ellas con una fuerza tan convincente que parecen irresistibles. Como resultado, a menudo tomamos malas decisiones porque estamos eligiendo independientemente de Dios. Lo que el Señor quiere para nosotros parece monótono, aburrido, poco interesante y poco atractivo, así que corremos tras el brillo, el glamour y el oro "lavado", pensando que son el verdadero negocio, destinado a darnos las mejores opciones que la vida tiene para ofrecer. ¡¡¡Mentira!!! No te lo creas. El pecado es tentador, así que desarrollemos los músculos para resistirlo porque sus placeres suelen ser temporales.

La vida está hecha de opciones; podemos elegir a Jesús o al diablo. Jesús es el dador de vida, y la intención del diablo es quitarnos esa vida. El plan de Dios no es que seamos malditos, sino que seamos bendecidos. La conversación entre nosotros continúa; Él dice,

"Hoy te doy a elegir entre la vida y la muerte, entre el bien y el mal. Hoy te ordeno que ames al Señor tu Dios, que andes en sus caminos, y que cumplas sus mandamientos, preceptos y leyes. Así vivirás y te multiplicarás, y el Señor tu Dios te bendecirá en la tierra de la que vas a tomar posesión." (Deuteronomio 30:15-16; NVI).

Hasta aquí, podemos ver que no es su intención que seamos malditos, sino que nos ha dado opciones. Dependiendo de nuestras elecciones, podemos ser bendecidos, prosperar y tener vida, o podemos hacer las elecciones que traerán muerte, destrucción o maldición. Algunas personas pueden preguntarse por qué el Señor se molestó en darnos opciones; ¿no habría sido más fácil si no tuviéramos libre albedrío? Nuestro único y sabio Dios decidió que quería hacernos con el deseo de elegir si amarlo, adorarlo y obedecerlo o no. ¿Quién quiere obligar a alguien a amar y obedecer? Ciertamente yo no. Quiero que la gente me ame porque quiere, no porque esté forzada u obligada a amarme. Ese "amor" no es genuino. De hecho, ninguno de nosotros querría eso, así que ¿por qué iba Dios a hacer personas que tuvieran que ser programadas para elegir amarle y hacer lo mejor para ellos? Por lo tanto, Él nos hizo ejercer nuestra voluntad de elegir, y tiene la gracia de darnos Sus palabras para que podamos regirnos por ellas. Cuando le respondemos libremente en amor y adoración, es mucho más dulce para Él que una respuesta robótica.

Sabemos que puede haber personas que nunca han leído un versículo de la Biblia, por lo que parecería casi injusto que fueran maldecidas si nunca han leído las leyes de Dios. Pero Dios pensó en todo eso: por eso nos hizo con una conciencia, la capacidad de distinguir el bien del mal. Debido a nuestra conciencia, podemos elegir libremente lo correcto o lo incorrecto, el bien o el mal. La Biblia dice que esas cosas no son demasiado difíciles para nosotros ni están fuera de nuestro alcance. No, la Palabra está muy cerca de nosotros; está en nuestra boca y en nuestro corazón para que podamos obedecerla. Vivir una vida de obediencia obra a nuestro favor y para nuestro bien, pero a menudo desobedecemos. Es imprescindible hacer una introspección y un arrepentimiento frecuentes y pedir al Espíritu Santo que ponga al descubierto lo que en nuestra vida le desagrada. Para reiterar, el Señor prefiere bendecirnos que maldecirnos.

Cuando una persona o un país han sido maldecidos por Dios, sufrirán carencias. También experimentarán la vergüenza, la angustia del corazón, y las cargas debido a la ruptura del espíritu, y se convertirán en un mal ejemplo para los demás. Además, su nombre se convertirá en una maldición para los demás. Ser maldecido por Dios invoca lo peor de los peores momentos de la vida. Es un decimal recurrente de dificultades extraordinarias hasta que esa persona se arrepiente ante nuestro Dios perdonador.

Puede que seas una persona que tiene los adornos del mundo a tus pies, pero tu vida es más miserable por culpa de la desobediencia a Dios. De hecho, puede que te hayas dado cuenta de que las cosas del mundo no sacian la sed y la angustia de tu alma como antes pensabas que lo harían. Elegir el mundo en lugar de las cosas de Dios tiene una forma de ser contraproducente en formas que nunca soñamos. La Iglesia de Laodicea en el Apocalipsis dijo que eran ricos y que no necesitaban nada, pero Dios los vio como insípidos, miserables, lamentables, ciegos, pobres y desnudos. Eso es triste; ellos pensaban que eran "todo eso" pero se consideraban ciegos a su vergonzosa desnudez. Alguien que conozco suele decir que las posesiones materiales no suelen ser el mejor indicador de las bendiciones de Dios, porque como los laodicenses que pensaban que estaban bien porque eran ricos, corrían el riesgo de ser escupidos de la presencia de Dios.

Escoge este día: ¿obedecerás o no? Hacer siempre lo nuestro y creer que seguimos siendo amigos de Dios es un lugar ilusorio. Es un lugar donde podemos ser rechazados por Dios sin darnos cuenta de que ya no estamos caminando juntos porque estamos viviendo en lo familiar. Eso implica hacer las cosas que normalmente haríamos, asumiendo que el Señor todavía está con nosotros porque solía manifestar su presencia cuando hacíamos ciertas cosas o actuábamos de manera familiar.

Ser rechazado por Dios a causa del pecado nos convierte en un hedor para Él. Cuando alguien se ha convertido en un hedor en las fosas nasales de Dios, hace que esa persona sea aborrecida por su comunidad, y perderá su esfera de influencia. Esa persona experimentará desprecio y reproche como resultado de ser maldecida por Dios y no arrepentirse y escuchar las palabras y el consejo de Dios. Ser desobediente nos pondrá en desprecio con Dios porque lo hemos provocado a la ira, haciéndonos objeto de maldición y del horror de la condenación y el reproche. Estamos exigiendo un castigo o maldición a causa de nuestra desobediencia. Sin embargo, Él es el que más sufre al soportar las acciones perversas de la humanidad y de Su Iglesia, que vive una vida de desobediencia. Su amor le obliga a esperar nuestro arrepentimiento y por eso sufre al observar los planes y esquemas de nuestros corazones. Cuando ese arrepentimiento no llega, entonces Su ira sobreviene con Sus maldiciones y eso nos deja en un dilema.

Cuando uno lucha por las maldiciones en su vida, puede tratar de construir o reconstruir sin Dios, pero eso es una tarea imposible porque Él controla y está involucrado en todo. Recuerde que Él abre y cierra las puertas. Sin importar si lo reconocemos o no, Él orquesta todo. Debemos ser conscientes de que no somos más que aliento y que Él es el dueño de ese oxígeno que respiramos, por lo que no podemos escapar de su ira ni siquiera con nuestro mejor esfuerzo. La opción más inteligente es arrepentirse, pedir perdón y someter la vida al Señor. Esa es la mejor y única opción de alejar la ira de Dios y estar en buena posición con Él.

Hemos desarrollado el comportamiento de tratar a Dios como si fuera nuestro igual. Creemos que es aceptable darle un servicio inferior, las sobras de nuestros esfuerzos y tiempo. El honor que le damos es insuficiente; de hecho, los hombres que ocupan altos cargos o los que están entre los conocidos en nuestras sociedades parecen recibir más honor de nosotros que Él. Lo engañamos con lo mejor de nuestros recursos y pensamos que es impío de su parte no darnos las cosas que le pedimos. Pero cuando hacemos las cosas que son malas a Su vista, en lugar de ser bendecidos, somos maldecidos por el Señor Dios Todopoderoso. Cuando un individuo camina a propósito en desobediencia al Señor, el resultado es que caerá de Su gracia. Usted puede encontrarse agarrando pajas con la esperanza de que puedan ser utilizadas para restablecer su antigua gloria o para satisfacerlo. Puede que incluso se encuentren después de que el mundo se haya dormido, luchando por encontrar un dulce descanso para su alma. Cuando vivimos un estilo de vida de pecado contra Dios, no siempre contamos las consecuencias de ese pecado porque damos por sentada Su bondad. Debido a que Su bondad no siempre es apreciada, y muy a menudo pensamos que siempre estará allí, esa creencia nos hace asumir que las consecuencias no seguirán a nuestras acciones de pecado. Y si lo hacen, entonces es una "evidencia" de que Él no es un Dios bueno. Como resultado, apresuramos nuestros pasos para alejarnos de Él porque no es amoroso y justo, en lugar de ver nuestros pecados por lo que son: la causa de lo que inicia sus acciones. Preferimos hacer lo que nos plazca sin los efectos de nuestras acciones.

¿Puedo añadir que es poco probable que ocurra porque cada acción de desobediencia tiene consecuencias? Sin embargo, hay una noticia fantástica para nosotros: Jesús tomó todas las maldiciones para aquellos que creen y eligen rendirse a Él completamente. La Palabra de Dios dice: *"Maldito todo el que es colgado de un árbol"* (Gálatas 3:13). Sí, Él las llevó todas por nosotros cuando colgó en esa cruz. Hemos sido liberados. Tenemos derecho a esa libertad siempre y cuando nos sometamos a Dios y a Su Palabra. Esa libertad la pueden tener todos si esa persona elige amar a Dios y vivir.

Debo decir, sin embargo, que hay una cosa que ha sido una experiencia distintiva en mi relación con el Señor durante los treinta años que llevamos caminando juntos, y es que el Señor es perdonador, y su amor no tiene fin. Siempre puedo ir a Él en arrepentimiento y recibir el perdón de mis pecados. Él nunca me ha recordado los pecados de los que me he arrepentido y el Espíritu Santo siempre ha sido fiel en ayudarme a superar mis retos y a obedecerle. Debo admitir que aunque es mi deseo complacerle en todo lo que hago, ha habido momentos en los que he luchado para rendir mi voluntad completamente por la suya con algunos aspectos de mi vida. Sin embargo, Él me ayuda paciente y fielmente a superar mis desafíos y a caminar obedientemente ante Él.

Encuentro que el Señor es bondadoso, paciente y está dispuesto a convertir las maldiciones en bendiciones porque Su amor es eterno hacia nosotros. Él siempre alienta y acoge nuestro arrepentimiento con amor y gracia. Esa es la razón por la que Jesús murió, para que siempre podamos tener acceso a través de su sangre y recibir el perdón de nuestros pecados. Su amor por la humanidad es insaciable. Ese amor está disponible para todos los que decidan aceptar su voluntad y obedecerle. Los efectos de Su amor serán evidentes en todos los aspectos de tu vida. Un amor que es feroz para protegerte, proveer, entregar y bendecirte abundantemente con todo lo que necesitas para la vida y la piedad. Su amor lo inspirará a bendecirlo sin medida, lo que hará que usted esté expectante en la esperanza y se alegre en exceso. Su amor es extravagante y apasionado, dispuesto a satisfacer nuestras necesidades más desesperadas y profundas según su voluntad para nuestras vidas. El amor de Dios por nosotros le motiva a querer lo mejor para nosotros aunque no queramos lo que Él quiere para nosotros o nosotros mismos porque queremos elegir lo que consideramos mejor para nosotros. Sin embargo, Él nos persigue hasta que nos damos cuenta de que Él tiene nuestro mejor interés en el corazón. Su amor lo impulsa a interponerse entre nosotros y cualquier cosa que intente dañarnos. Él es nuestro escudo protector que asegura nuestra protección.

Desea bendecirnos con salud y curar nuestras enfermedades, bendecirnos con paz y seguridad. Él obtiene un gran placer al ser el Gran Yo Soy para todo lo que necesitas. Quiere restaurar la relación que se rompió entre tú y Él y colmarte de su amor y bondad. Nuestro Dios es un Padre muy amoroso cuya ira dura sólo un momento, pero su favor dura toda la vida. ¿Te imaginas que se enoje contigo en este momento y que tan pronto como te arrepientas, su enojo se apacigüe, haciéndote un candidato para que su favor se derrame sobre ti? Él está más que dispuesto a darnos soltura de corazón y de acciones, permitiéndonos vivir únicamente para Él. Todo lo que tienes que hacer es pedirlo. No tienes que soportar solo las cosas con las que estás luchando y las cosas que te acosan, creyendo que no hay fin a tus desafíos. Él te capacitará con un corazón que sólo lo desea a Él, haciendo que las luchas lleguen a su fin y pierdan sus efectos en ti.

Cada día que leo mi Biblia, puedo escuchar el anhelo de un Dios amoroso cuyo deseo de corazón es tener el corazón de sus hijos comprometido con Él. Debemos estar decididos a amarlo con todo nuestro corazón, sin retener nada, y mantenernos en esa posición incluso frente a la oposición y aunque nuestro corazón desee otras cosas. Hacerlo es beneficioso no sólo para nosotros, sino también para nuestras familias, comunidades y naciones. También nos abre la puerta para recibir continuamente Su bondad.

También he notado que Su corazón parece sangrar con un anhelo de que le temamos. Creo que cuando le tememos, no haremos las cosas que causarán una maldición en nuestras vidas. Curiosamente, la Biblia dice que *"El temor de Jehová es el principio de la sabiduría"* (Proverbios 9:10; RVA). Por esa razón, necesitamos temerle para que podamos ser bendecidos con sabiduría, la cual nos ayudará a tomar decisiones prudentes. Desarrollar el hábito de tomar decisiones sabias afectará nuestra vida. Con el tiempo, veremos los beneficios de hacerlo ya que todo nuestro estilo de vida comenzará a cambiar.

Otra cosa que se registra explícitamente a lo largo de la Biblia es que Él también desea que pasemos tiempo con Él porque quiere ese tipo de relación con nosotros. Tan pronto como comencemos a pasar tiempo de calidad con Él y mientras caminemos continuamente de manera obediente ante Él, comenzaremos a disfrutar de Su presencia, a amar las cosas que Él ama, y a odiar las cosas que Él odia. Él también compartirá Su corazón con usted, así como las cosas que Él quiere que usted sepa.

A medida que usted practica continuamente estar en Su presencia, usted será capaz de llamar a Él, y Él le responderá. Él te revelará cosas que no conoces, forjando así una hermosa amistad entre tú y el Señor Altísimo.

A medida que la amistad crezca, lo verás derramar deliciosamente la abundancia de lo que Él quiere que tengas. La mejor vida que necesitas estará disponible para ti, pero sólo se alcanza a través de Jesucristo. Todos queremos vivir una vida de contentamiento; sin embargo, el verdadero y duradero contentamiento sólo se puede lograr de Dios. Ser amigo del Señor Altísimo es una bendición con la que nada se puede comparar: poder disfrutar de la paz y la armonía con el creador del cielo y la tierra. Este es el mayor nombre que se me ocurre: poder decir: *"Dios y yo somos amigos. Él me dice las cosas que van a suceder antes de que sucedan y me aconseja sobre cómo rezar por las personas y las naciones. El Rey de reyes y yo nos reímos y hablamos juntos".* No hay nada más dulce que ser amigo de Dios; nada en la tierra puede compararse con saber que Dios y yo somos amigos y que guardo nuestra amistad con mi vida. No se permite que absolutamente nada amenace mi relación con el Señor. Nada. Me encanta ser amada por el Dios del universo. En las buenas y en las malas, Él ha estado conmigo. Él ha caminado conmigo a través de algunos valles oscuros, sosteniendo mis manos o llevándome porque no podía ver la salida. Él ha evitado que cayera y cuando el enemigo se acercó a mí como una inundación, ningún daño pudo acercarse a mí. Él me avisa o lo bloquea para que pueda caminar por el valle de la sombra de la muerte sin temer el mal.

La profundidad del amor de Dios por nosotros es incomprensible. Es difícil de entender porque nuestro amor por los demás es a menudo condicional. A menudo es difícil concebir que el único Dios verdadero y vivo quiera tener una relación con nosotros y amarnos eternamente.

Pero la elección es siempre nuestra: elegir obedecer o desobedecer, elegir bendiciones o maldiciones. La elección es tuya por tu libre albedrío, pero la mejor elección es obedecer. La elección de obedecer te hace automáticamente candidato a la vida en abundancia.

CAPÍTULO 6

Esperanza

Un día, fui a la biblioteca para hacer una investigación. Elegí un lugar semiprivado, donde pensé que podría estar solo mientras trabajaba. Sin embargo, pronto se me unió un señor mayor que, para mi gusto, trabajaba tranquilamente. Luego se nos unió un señor sin hogar que buscaba una conversación en la que ninguno de los dos estábamos dispuestos a participar porque teníamos nuestras propias agendas que cumplir. Pero siguió dirigiéndose a mí, y creí que habría sido una grosería por mi parte ignorarle por completo, así que (algo molesto) entablé una pequeña conversación con él. Recuerdo que pensé que estaba en el lugar equivocado para buscar conversación, porque la biblioteca es una zona silenciosa y la gente suele querer centrarse en su razón de estar allí, pero no, él quería hablar. Como yo sólo le daba la conversación que ansiaba y él, aparentemente, no tenía en cuenta al señor mayor, hizo lo que aparentemente era normal para él: hablar consigo mismo.

Ni que decir tiene que ni el señor mayor ni yo celebramos su decisión de entablar una conversación consigo mismo. Sin embargo, nos vimos obligados a escuchar su monólogo, cuya naturaleza preferiríamos no haber oído. Hablaba explícitamente de su vuelo de la imaginación con las señoras del periódico que estaba leyendo; una conversación así nunca debería haber salido de su boca y menos en público, pero era su conversación, y la estaba teniendo. Tuvimos que soportarlo porque no le complacimos cuando quiso tener una discusión con nosotros, ya que estábamos demasiado ocupados con nuestras propias razones para estar en la biblioteca.

Mientras le escuchaba, supuse que llevaba mucho tiempo al margen de la sociedad porque no sabía lo que era Victoria's Secret y, en su discusión consigo mismo, se preguntaba por qué todas las mujeres de la página se llamaban Victoria y cuál era su secreto. Se refería, por supuesto, a las modelos. Rápidamente se dio cuenta de que Victoria's Secret es una empresa y no las mujeres a las que miraba mientras leía la historia. Para mi agradable sorpresa, se rió de sí mismo por pensar que todas se llamaban Victoria. Con esto, se habrá dado cuenta de que, aunque yo estaba ocupado en mis propios asuntos, observaba a estos desconocidos con los que estaba sentado. Recuerdo que pensé que era bueno ver que tenía sentido del humor. Independientemente de los problemas que pudiera estar atravesando, era capaz de reírse de sí mismo. Siempre es bueno tener sentido del humor, independientemente de la situación en la que nos encontremos, porque reírse, sobre todo con y de uno mismo, es un estímulo. Libera el estrés y, en el caso del vagabundo, situó su malentendido en el lugar que le correspondía, como algo por lo que no tenía que estresarse.

Lo que me pareció interesante de este hombre, que es la razón por la que escribo sobre él, es su inquebrantable esperanza. Excluyendo su conversación soez, pude ver a un visionario y a un emprendedor queriendo nacer de su interior. Sus circunstancias no habían ahogado su esperanza en los sueños que quería realizar en la vida, ni su sentido del humor. Se afirmó a sí mismo que sería dueño de su empresa y estaba seguro de que yo compraría sus fabulosas gafas y que el señor mayor luciría un par con estilo. Él podía ver fácilmente un mercado para sus productos. La idea de que lleváramos sus productos le hizo reír. Veía la esperanza viva y coleando. A pesar de su situación, esperaba un cambio. No mencionó un cambio en su situación de vida, pero especificó que vería el nacimiento de su empresa y que debía ocurrir antes de morir. Aunque esté muerto, está decidido a que se produzca, y su madre estará orgullosa de él.

Es interesante que siga esperando que su empresa tenga éxito, incluso después de su eventual muerte. Su visión de la existencia de su empresa no tenía límites: para él, ni siquiera la muerte podía obstaculizarla. Hay veces que la visión de alguien para una cosa determinada se mantiene sólo hasta que muere, pero él podía ver la longevidad de su empresa más allá de sí mismo. Podía ver su continuidad. Estaba dando a su visión una vida más allá de su muerte.

Uno pensaría que sus mayores preocupaciones serían su próxima comida y un lugar seguro para dormir, y quizá lo fueran, pero eso no era lo que parecía ocupar sus pensamientos en el momento en que compartíamos mesa en la biblioteca. Vi a un hombre que esperaba y soñaba con convertirse en empresario y con que la gente quisiera sus productos. Eso es algo que estaba deseando que ocurriera en su vida. Al recordarlo hoy, veo a un hombre cuya esperanza no había muerto y lo había dejado en la miseria. Por el contrario, siguió viviendo con la esperanza del cambio que vendría.

Cuando vi que la esperanza estaba viva en él, empecé a reírme para sorpresa y horror del anciano, que quizás pensó que la conversación de nuestro compañero de asiento le había parecido excitante. Podía entender su conmoción por lo perturbadora que había sido la conversación de nuestro compañero de asiento; aquellas vívidas escapadas eran chocantes. A juzgar por su reacción hacia mí, supuse que el anciano caballero no veía lo que yo veía y oía. Yo vi esperanza. Vi la posibilidad de cambiar con la ayuda de Dios. Vi a un hombre que podía experimentar la vida más abundantemente a través de Cristo Jesús, mi Señor. Que su cambio llegaría y sus sueños se harían realidad si se unía a Dios.

En Jamaica, tenemos un adagio que en efecto dice: *"lo que no está muerto, no se tira a la basura "*. En otras palabras, mientras hay vida, hay esperanza. Personalmente, me gusta cómo lo decimos los jamaicanos. El futuro empresario está vivo, por lo que siempre hay esperanza de que se produzca un cambio. Porque nosotros, igualmente, tenemos vida, y siempre hay esperanza de cambio. Además, porque ponemos nuestra confianza en Dios para que cambie las cosas para nuestro bien, podemos esperar que vendrá mejor.

Tan pronto como llegué a casa, oré por ese hombre como un loco. Recé para que aceptara a Jesucristo como su Señor y Salvador. Deseaba compartir el evangelio de Jesús con él, pero la idea de salir con él a solas me disuadía debido a su diálogo, así que en lugar de eso, oré por él. Recé para que el Señor diera un giro a su vida y para que su sueño de convertirse en empresario se hiciera realidad. Estoy seguro de que no volveré a verlo, pero confío en que el Señor responderá a mis oraciones por ese hombre.

A veces parece que la vida va bien. Todo va bien, y de repente, lo que parece una roca sale de la nada y cae justo encima de ti, causando más problemas de los que podrías imaginar. Del mismo modo, puede parecer que una presa se ha roto y ha inundado tu vida y tu casa, creando un cataclismo que destruye tu forma de vida normal. Cuando estas cosas suceden, nos dejan en estado de shock con la necesidad de envolver nuestra mente en los desafíos inesperados y no deseados. Hacen que nos aferremos a la esperanza de que superaremos o, en el mejor de los casos, seremos capaces de gestionar todo lo que está sucediendo. Con todo lo que se nos echa encima, necesitamos que la esperanza esté viva y sea fuerte en nuestros corazones, pero cuando más la necesitamos, parece que se mueve más rápido que la velocidad de la luz al salir corriendo de nuestras vidas durante esas tormentas tumultuosas. Nos deja arremolinados en la incertidumbre, sintiéndonos como si fuéramos a la deriva en compañía de decepciones, dudas, frustraciones y una fuerte sensación de desesperación en nuestras circunstancias, que nos impide ver la luz al final del túnel.

El hecho de que no podamos encontrar la esperanza aumenta nuestros sentimientos de desesperación de que no hay nada a lo que agarrarse para tener el ánimo de que todo va a ir bien. Nos sentimos abandonados. Sí, la esperanza nos ha abandonado sin tener en cuenta que realmente la necesitamos para permanecer durante esas olas turbulentas de la vida. Se ha fugado sin que nos demos cuenta de que se ha ido cuando estamos luchando por encontrar algo de esperanza para superar el día, los problemas, las cuestiones de salud recurrentes o los retos financieros que se empeñan en clavar su presa de forma agresiva e implacable. La esperanza, la esperanza se ha ido de verdad. Lo único que nos queda es una percepción empañada del resultado de la crisis, la certeza de que siempre será igual; nada bueno saldrá de ella. Ahora, intentamos recuperar el aliento y asimilar la abrumadora crisis sin un atisbo de esperanza. Me he dado cuenta de que los retos nunca caminan solos, junto con ellos, está el sentimiento de desánimo. Una vez que éste interviene, vamos a empezar a sentirnos desanimados y a experimentar sentimientos de duda, ansiedad y miedo a que la situación crezca, empeorando la vida. Como resultado, todo eso puede hacer que la persona se sienta como una gran bola de estrés. El estrés sólo sirve para complicar lo que ya está mal, empeorándolo, debido a su efecto letal en el cuerpo. Tiene el potencial de hacer que el individuo enferme. Eso es lo que ocurre cuando se pierde la esperanza:

tiene un impacto negativo en espiral sobre nosotros; hace que el corazón enferme, lo que a su vez hace que el cuerpo enferme.

La crisis y el sentimiento de malestar en el corazón pueden hacer que el individuo sienta que no puede hacer frente a la situación. Por lo tanto, para lidiar con los problemas y los sentimientos de desesperanza, esa persona puede empezar a excederse comiendo en exceso. Algunos pueden empezar a beber alcohol o a tomar cantidades excesivas, mientras que otros pueden tomar drogas como medio para reconfortarse durante la crisis. Algunas personas pueden entablar relaciones insanas o desarrollar una codependencia de otros. Al mismo tiempo, algunos buscan alivio en sustancias como la marihuana para gestionar la agitación de su vida. Algunos se involucran en comportamientos desviados que acaban convirtiéndose en problemas de conducta. Estos pueden llevar a las personas a convertirse en adictos a las sustancias, la comida, el sexo y el alcohol porque intentan esconderse del dolor causado por sus problemas. Creen que es la mejor manera que conocen de afrontar los problemas. Por supuesto, esas elecciones están dando lugar a problemas que controlan la vida. En lugar de tener un problema con el que lidiar, ahora tienen múltiples problemas porque buscan esconderse y no afrontar el problema inicial. Otros pueden tener ataques de pánico; algunas personas pueden experimentar confusión o una leve depresión. Si las personas no tienen cuidado con sus percepciones de los problemas actuales y reconocen sus verdaderos sentimientos sobre todo lo que está pasando, pueden perder fácilmente la esperanza en el futuro de que lo mejor llegará. Un patrón de pensamiento negativo puede conducir a sentimientos de abatimiento que pueden llevarles por el camino de la desesperación, provocando así pensamientos de suicidio. Nuestros pensamientos son muy poderosos; son el núcleo de todas nuestras acciones y reacciones.

Nuestros pensamientos alimentan nuestras emociones. Por lo tanto, si nuestras emociones tienen un suministro constante de pensamientos poco saludables, esto alimenta el sentimiento de desesperanza que puede hacer que alguien se enferme física, emocional y mentalmente. Permítanme añadir esto aquí: por favor, si usted está experimentando cualquiera de estas cosas, necesita cuidarse buscando inmediatamente asesoramiento para evitar que su estado de bienestar se deteriore o se convierta en un trastorno. Por supuesto, si tú o alguien que conoces está teniendo pensamientos de suicidio, habla con un consejero ahora y hazlo saber a tu familia para que puedan proporcionarte apoyo adicional mientras atraviesas el difícil período. Además, podrán vigilarte de cerca mientras superas los desafíos.

Mientras escribo esto, pienso en las miles de vidas que ha arrasado recientemente el huracán Dorian en las Bahamas. El huracán Dorian arrasó esa nación, no sólo perturbando la vida de sus habitantes, sino destruyendo sus propiedades y dejando decenas de muertos o desplazados tras su paso. Hubo gritos de ayuda y peticiones de oración que salieron de esa nación durante el huracán y que se compartieron en las redes sociales: gritos que nos llegaron al corazón y al alma hasta el fondo de nuestro ser, haciendo que algunas personas que habían recibido su mensaje entraran emocionalmente en su estado de desesperación, dolor, miedo y desesperación. Su dolor se convirtió en nuestro dolor; pudimos identificarnos con ellos porque todos hemos vivido crisis y hemos sentido desesperación en algún momento.

Una catástrofe de cualquier magnitud puede dejarnos sin esperanza, deprimidos y llenos de preguntas sobre el porqué de las catástrofes. Los efectos de cualquier desastre que experimentemos nos robarán el sueño y la tranquilidad. Nos hará temer un futuro condenado, haciendo que la depresión se cierna sobre nosotros. A veces, nuestros hombres, especialmente, pueden experimentar un sentimiento de vergüenza por no sentirse lo suficientemente fuertes debido a la evidencia de sus lágrimas incontroladas que bajan por sus mejillas. Experimentar una crisis puede afectarnos negativamente, sobre todo porque somos criaturas de la comodidad y prosperamos dentro de nuestra rutina. Por lo tanto, perder lo que nos pertenece, o ser desplazados de nuestros hogares, comunidades y rutinas por cualquier tipo de catástrofe, nos hará reaccionar a los factores de estrés que vienen con ellos, lo que puede perjudicar nuestro bienestar psicológico y físico. Sin embargo, el nivel de impacto de la crisis y tu sistema de apoyo determinarán su efecto en tu bienestar general. Perderlo todo puede ser muy doloroso y la recuperación puede llevar a veces años, por lo que es necesario un sistema de apoyo fuerte.

La esperanza aplazada enferma el corazón debido a la multiplicidad de cosas asociadas a nuestros sentimientos de decepción. Cuando esperamos un resultado concreto pero nuestra expectativa no se ha cumplido, hace que la desesperanza se instale en el lugar. La desesperanza se presentará cuando experimentemos dificultades: es parte de nuestra experiencia humana de vivir en un mundo caído. La desesperanza puede madurar y astillarse en sentimientos de impotencia durante la duración de las calamidades que entran en nuestras vidas. Cuando la desesperanza se une a la impotencia, aparecen los sentimientos de soledad, que hacen que la persona piense que nadie se preocupa ni entiende, y concluye que está sola. El abrumador sentimiento de "ay de mí" intenta hacerse con el control de los pensamientos de la persona, hundiendo aún más al individuo en la desesperación. La intención que tiene la desesperanza es empujarnos constantemente hacia un abismo interno de desolación que nos dice descaradamente que nos rindamos: renunciar a la vida, a uno mismo, al amor, a los sueños, a ser persistentes; renunciar a creer que lo mejor está por llegar y que el cambio es inevitable. Sólo quiere saber que nos hemos rendido y se dará por satisfecho. Pero rendirse nunca es una opción para nosotros como hijos de Dios. Nunca nos rendimos y no retrocedemos. Nos mantenemos de pie ante la adversidad y empujamos hasta que la esperanza se reaviva en nuestros corazones y nuestras circunstancias cambian. Porque de donde vienes nunca es mejor que a donde vas, lo mejor siempre está por delante. Siempre. Pero hay que mantener viva la esperanza.

Es importante tener en cuenta que, mientras das los primeros pasos para superar tus retos, tienes que ser paciente contigo mismo y tener expectativas sanas. Lo mejor sería aceptar que todavía estás luchando con la crisis, el dolor, las pérdidas, el desplazamiento y los sentimientos de desesperación con respecto al apuro que vino a visitarte. La desesperación tiene una forma de agotarnos. Nos pesa física, mental y emocionalmente, tanto que a veces estamos demasiado cansados para seguir adelante con nuestros retos. Está bien sentirse así. Descansa un poco, comparte cómo te sientes con tus amigos, comparte tu carga con un pastor o consejero, rejuvenece y, a medida que te fortalezcas, continúa hacia la victoria. Celébralo, porque aunque hayas experimentado un número de crisis a lo largo de tu vida, la recompensa por haber superado ha hecho que hayas sido incluido entre la clase de los más aptos y entre los vencedores, ya que te has esforzado por asegurar la superación de cada dilema. Sobrevivir debes, porque eres resistente.

Sin embargo, si su curación y recuperación parecen prolongarse, buscar asesoramiento le ayudará a procesar el suceso y sus efectos mientras aguanta hasta que llegue su momento de cambio. La ayuda que se le proporcione le ayudará a recuperarse. El mejor poder restaurador durante una crisis es el apoyo de nuestra comunidad de familiares y amigos, así como de los vecinos. El amor que se comparte con la persona que está experimentando los desafíos traerá la curación. Esos componentes ayudarán a que surja la alegría, la fuerza necesaria para aguantar y la curación del alma y del espíritu.

Después de sufrir una crisis en la vida, necesitamos establecer alguna apariencia de normalidad desarrollando nuevas rutinas, o deberíamos esforzarnos por volver a las antiguas porque necesitamos tener una sensación de estabilidad. Cuando se instala la desesperanza, tendemos a rendirnos, pero tenemos que dar pasos que nos ayuden a reconstruir la esperanza de que nos esperan cosas buenas en el futuro -nuestra creencia de que lo mejor llegará-, pero se requiere nuestra determinación y acciones deliberadas para avanzar hacia el futuro que espera nuestra llegada. No me canso de decirlo: el cambio llegará porque es la forma de vida para que venga lo mejor. Puede que lleve algún tiempo, o que el cambio sea gradual, pero sigue presionando a pesar de lo sombrío que parezca y a pesar de los problemas adicionales que puedan presentarse. Sigue adelante, porque un día, como el efecto dominó, se producirán los cambios.

Si te sientes desesperanzado, te animo a que dejes de estar en ese estado de desesperación y a que evites que los sentimientos de desesperanza se queden. En su lugar, les insto a que busquen formas de motivarse y animarse a salir de ese bache. Es nuestra elección y nuestro derecho luchar por salir. No deberíais permitir intencionadamente que los sentimientos de desesperación, desánimo, tristeza o depresión se conviertan en vuestro estado normal. Estas emociones son normales, pero se vuelven poco saludables cuando se prolongan demasiado durante cualquier periodo de nuestra vida. Es lamentable que, a veces, nos aferremos a esos sentimientos porque es como si se hubieran convertido en nuestra insignia de honor. Le dicen al mundo que tenemos una historia en la que hemos pasado por cosas traumáticas. Como nos gusta el cuidado y la atención que recibimos como resultado de la crisis, nos aferramos a ella. Sin embargo, debemos luchar mucho para no convertirlas en nuestra compañía constante ni dejar que echen raíces y crezcan en nuestra vida, porque serán difíciles de desarraigar una vez que hayamos consentido su estancia y nos hayamos acostumbrado a que estén ahí. Como las sanguijuelas, se aferrarán a la vida, negándose a salir sin una fuerte oposición. Esos comportamientos pueden llegar a ser destructivos en tu vida y pueden llevarte a una espiral en la que se conviertan en comportamientos controladores. La norma destructiva también afectará negativamente a todas las áreas de tu vida y tus relaciones.

La vida viene acompañada de muchos problemas. Nadie está exento; el problema de una persona puede ser diferente al de otra, pero todos los tenemos. La clave, sin embargo, es cómo los gestionamos y resolvemos, así como negarnos a permitir que nos definan. Sin embargo, si dejas que tomen el control, corres el riesgo de necesitar una vía de escape. Ya sea consciente o inconscientemente, de vez en cuando, todos sentimos la necesidad de escapar de los retos de la vida porque nos ayuda a procesar todo lo que nos asalta y nos hace sentirnos abrumados. Pero nuestra necesidad de escapar no debería ser una solución permanente; debería ser un tiempo de espera para procesar y rejuvenecer para poder enfrentarnos a nuestros problemas de frente, empujar lo que puede ser empujado, pasar por lo que debe ser soportado hasta que llegue el cambio, o saltar cualquier obstáculo que pueda ser saltado. Debemos levantarnos para afrontar la música; no podemos tumbarnos, hacernos los muertos o morir, para rendirnos. No , no va así (no, eso no puede funcionar).

Lo mejor que se puede hacer una vez que se ha experimentado una crisis de cualquier naturaleza es afrontarla. Permítase sentir la gama de emociones y deje que el dolor del trauma siga su curso para que la curación pueda producirse después. Tratar de borrarlo con una droga o con alcohol o con cualquier otra cosa será efectivo sólo durante un tiempo, pero luego acabará perdiendo el impacto deseado, ese momento de bienestar no se volverá a tener por ese medio de escape. El hecho es que la realidad sigue aguardando hasta que se ha enfrentado y tratado. Todos estamos hechos con emociones, pero no tenemos que permitir que nos controlen. Es importante sentir y expresar nuestras emociones de forma saludable, pero se vuelve problemático si empiezan a tomar el control de nosotros. Nos animo a ser conscientes de nosotros mismos para poder medir nuestras emociones y darnos cuenta de si nuestros sentimientos de tristeza y desesperanza están dominando nuestro bienestar o incluso nuestro día. Si están dictando cómo debes sentirte a diario, están intentando controlarte y arrastrarte hacia el estupor. En cuanto te hayas dado cuenta de los constantes sentimientos bajos, debes comprometer todo tu ser con la intención de cambiar tu estado de ánimo haciendo una serie de cosas como escuchar algo edificante, hablar con el Señor o animarte con una autoconversación saludable, así como hablar con otras personas. Hablar ayuda a liberar el estrés, además de ayudar a procesar la causa del mismo. También permite que los demás sepan lo que está pasando en tu vida, y podrán ayudarte para que no tengas que recorrer tu camino solo.

Algo muy importante y útil que puedes hacer es formar parte de un pequeño grupo en el que tengas un interés común con otras personas. Escoge un espacio seguro para estar-puede ser una clase de arte, una clase de baile, una clase de alfarería, un grupo de discipulado o de vida, o aprender una nueva habilidad. Rodéate de gente; no estamos hechos para vivir solos. Muy a menudo, nuestro apoyo curativo viene de aquellos con los que estamos haciendo la vida, así que involúcrate. Hagas lo que hagas, asegúrate de no aislarte. Una de las bendiciones que trae la adversidad es que puede ser una oportunidad para que la familia, los amigos o la comunidad se unan en un vínculo mientras atraviesan individual o colectivamente un período difícil. Estamos hechos para vivir en comunidad. Si no tienes una, es hora de hacer algunos cambios que te conecten a un entorno saludable: tu bienestar es importante. Nadie puede prestarte el suyo, así que cuida de ti. Lo peor que puedes hacer es aislarte cuando estás pasando por un periodo difícil. Jesús oró para que seamos uno como Él y el Padre son uno. Así que encuentra tu espacio donde puedas sentirte conectado en unidad con los demás. Ellos te animarán a salir de tu estado de desesperanza porque el hierro afila el hierro. Nos amamos unos a otros para alcanzar el bienestar. Al ser alentados, también alentarán a otros. Juntos lo hacemos mejor. Hazlo por tu corazón: cuando tu corazón esté sano, tú estarás sano.

No puedo insistir demasiado en lo siguiente: mantenerse físicamente activo también ayuda a reducir significativamente el estrés. Puedes considerar la posibilidad de bailar, caminar a paso ligero (al ritmo que seas capaz de llevar), correr u otros tipos de ejercicio. Este tipo de actividades le ayudarán a despejar su mente y a relajarse. Al mantenernos activos, nos ayuda a reducir el nivel de la hormona del estrés, el cortisol. Esa hormona nos ayuda a sentir el estrés, pero al disminuir, somos más capaces de combatir nuestros sentimientos de desesperanza, tristeza y decepción. Hacer ejercicio libera lo que llamaré las hormonas del bienestar. Cada vez que me siento abatido o empiezo a preocuparme o a sentirme abrumado, hago ejercicio porque hacerlo me ayuda a evitar que esos sentimientos se prolonguen y me dominen. A medida que continúo con mi rutina de ejercicios, todo mi estado de ánimo cambia. Me siento con energía para seguir adelante. Lo que realmente ocurre cuando hacemos ejercicio es que hay procesos bioquímicos que liberan hormonas conocidas como endorfinas, dopamina y serotonina. Estas hormonas nos ayudan a sentirnos alerta, a regular nuestro ciclo de sueño-vigilia y la temperatura corporal, a controlar nuestro apetito y a disminuir la sensibilidad al dolor.

Es una buena receta que puede poner un poco de ánimo en nuestro paso. Se ha demostrado que el ejercicio puede levantar el ánimo, lo que ayuda a despejar la mente, lo que a su vez puede ayudar a ver las cosas un poco más claras, ayudándole además a sentirse esperanzado y a fortalecer su decisión de superar sus retos actuales. Doy fe de que el ejercicio es una medicina para sentirse bien. Además, también hay que llevar una dieta equilibrada, descansar lo suficiente y realizar actividades recreativas. Recuerda que estás luchando por tu bienestar mientras atraviesas tus retos.

Junto con mantenerme activo, encuentro que el lugar más seguro al que acudir es la presencia y la Palabra de Dios. Pasar tiempo con el Señor y leer la Biblia durante esos momentos dolorosos son cosas a las que me aferro aunque parezca que nada de lo que he estado leyendo se está registrando. ¿Puedo sugerirte que también corras a ese lugar seguro? Puede parecer una sugerencia diferente, pero creo que su poder es asombroso para sanar el alma humana porque la Palabra de Dios es Dios mismo, y Él es la vida. Si te parece que la estás leyendo y no pasa nada, no hay problema, léela de todas formas. En el silencio que hay debajo de la agitación, estás siendo curado, y la esperanza está siendo reavivada.

La Palabra de Dios es más afilada que una espada de doble filo. Está penetrando en lo más profundo de tu ser, allí donde te duele mucho. Está sanando cada parte de ti. Puedo asegurarte que el Espíritu Santo está reparando tu corazón roto y tu vida rota, asegurando tu restauración. Eso es lo que Él hace: sana y restaura a sus hijos.

Puedes elegir permanecer en la presencia del Señor, que te garantiza la vida, o puedes elegir la enfermedad de tu alma y el deterioro de tu propio ser si decides permanecer en ese lugar donde reside la desesperanza. Permíteme reiterar que ese estado del ser, sólo busca atraparte. Ciertamente se convertirá en un estilo de vida que progresa hasta convertirse en una preocupación que dicta tu vida. El sentimiento de desesperanza cambia lentamente tu estilo de vida, antes saludable, en un patrón destructivo, vistiéndose de mentiras y engaños de que lo mejor nunca llegará. Seguimos adelante hasta que nuestra esperanza sea restaurada y mueva a Dios a actuar en nuestro favor.

Como acabo de mencionar la esperanza en Dios, pensé en que la impaciencia es otra cosa que nos robará el bienestar cuando nuestra esperanza se postergue. Queremos aquello que esperamos ahora, y si no lo obtenemos en el tiempo previsto -sea la voluntad de Dios o no-, un sentimiento de desesperanza se apodera de nuestro corazón. Si las cosas avanzan en ese sentido, podemos empezar a dudar de la bondad del Señor nuestro Dios. Ese es un lugar serio para estar. Comienza con la decepción y luego progresa hacia una espiral descendente. Nos enojamos con el Señor, y luego podemos "maldecirlo" porque no obtuvimos lo que queríamos. Este es un tipo de malicia sutil, bajo el radar. Es encubierto porque ¿quién sería lo suficientemente honesto con Dios para decir: "Te he "maliciado" porque no obtuve lo que esperaba"? Bueno, asumo que no todos dirán eso al Señor de manera honesta pero respetuosa, lo que iniciaría un diálogo hacia la sanación. Por lo tanto, la amargura en nuestros corazones crece hacia Él y decidimos que no necesitamos a Dios, que somos autosuficientes; podemos conseguir lo que queremos por nuestra cuenta. Esta postura crea una cuña al tiempo que amplía la brecha de la relación entre Dios y ese individuo. Una vez que se toma la decisión de que no hay necesidad de la ayuda, el apoyo o la participación de Dios en la vida de uno, ese es un lugar peligroso para estar, porque eso está creando problemas espirituales que resultarán en problemas materiales-o el crecimiento en el Señor se estanca o la muerte espiritual ocurre.

Comienza aparentemente simple: pueden perder algunos tiempos devocionales con el Señor o se vuelven demasiado cansados u ocupados para tener comunión con el Cuerpo de Cristo. La Palabra de Dios es reemplazada por pensamientos positivos y de posibilidad. Debajo de la corriente hay un lento deterioro de la vida espiritual del individuo, pero el enfoque no está en la muerte espiritual que está sucediendo; más bien, está en el dolor de no obtener lo que la persona había esperado. Sienten que el Señor les ha defraudado. La crisis de fe está en pleno apogeo, pero la ira hacia el Señor está enterrada bajo el dolor, los sentimientos de decepción, la desconfianza y el orgullo. Luchan con el pensamiento de que el Señor ya no es fiable ni fiel. Esos pensamientos los llevan a sentimientos de inseguridad y miedo de poner su confianza en Él. La persona se aleja de Dios a causa de la esperanza diferida.

Como humanos, no manejamos muy bien las decepciones, especialmente cuando nuestras expectativas no son satisfechas por Dios mismo. Nuestras respuestas a las decepciones determinarán si prosperamos o nos marchitamos. Podemos prosperar si miramos a través de la lente de la Biblia o marchitarnos si la cerramos de golpe. Haciendo esto, estaríamos cerrando nuestros oídos a lo que el Señor tiene que decir, así como a sus estímulos para nuestro corazón y sanación. Se ha hecho una grieta, así que la persona se aleja ya sea en su corazón o en sus acciones o en ambos. Su compromiso con el Señor se ha roto debido a conceptos erróneos y malentendidos sobre el Señor y Su Palabra. Ellos se vuelven duros en su corazón hacia Dios y cualquier cosa asociada con el Señor. Hay una expectativa de que el Señor debe operar de acuerdo a nuestros dictados, pero Sus caminos no son los nuestros, y Él ve el mañana mientras que nosotros no sabemos lo que pasará en el próximo segundo. Por lo tanto, confía en Sus decisiones sobre tu vida. Es difícil esperar en el Señor si te quejas contra el Señor Dios Todopoderoso. Necesitamos tener siempre una perspectiva de fe en nuestro Dios y en nuestras circunstancias actuales porque Dios es más grande que ellas. Nunca nos neguemos a creer en el Señor. Nunca nos quejemos contra el Señor nuestro Dios.

Nuestras experiencias nos enseñan que en esta vida, pasaremos por momentos altos y bajos, y tendremos días ordinarios. Los días ordinarios son los más regulares. Son días mundanos en los que no ocurren muchas cosas divertidas. Tenemos este pensamiento de que nuestras vidas deberían estar llenas de días de montaña, pero podemos estar creando expectativas poco realistas, que pueden tener un impacto negativo en nuestras vidas porque típicamente, la vida viene con cosas que consideramos ordinarias. Esto se debe a que creemos que no tenemos tanta diversión y emoción como las personas que conocemos o vemos en las redes sociales. Nuestra vida viene con problemas y algunos desafíos. También está llena de tareas repetitivas, como cuidar de la familia, ir al trabajo, seguir comprometido con el matrimonio, estar centrado en la escuela o cuidar de un familiar mayor. Piensa que la vida tiene días rutinarios, así que cuando veas los momentos emocionantes de otros publicados en tus páginas sociales, puedes recordarte que ellos también tienen días ordinarios que no se publican. Ese pensamiento puede ser útil para ajustar su reacción cuando se enfrenta a algunas realidades difíciles de la vida. Todos los tenemos; sólo que no son conocidos públicamente. Publicar fotos de nuestros días mundanos no está en consonancia con la imagen que se pretende dar. La vida está llena de experiencias únicas: algunas son muy picantes, otras están suavemente condimentadas y, en otras ocasiones, nuestras circunstancias son insípidas. Todas las combinaciones le dan un equilibrio. Cuando nuestra expectativa es para uno -especialmente el picante más que los otros- es cuando nos preparamos para las decepciones. Por lo tanto, disfruta de cada momento porque la vida está sucediendo.

Puede que haya momentos en los que te sientas desesperado o impotente porque te esfuerzas por cambiar tu situación, pero parece inútil a pesar de todos tus esfuerzos. Tal vez hayas perdido el control para mantener las cosas en orden debido a circunstancias imprevistas. No te rindas. Sigue presionando, sigue intentando y persevera, porque ¿adivina qué? Dios puede cambiar todo de repente, y hace que todo sea hermoso a su tiempo. Esas situaciones desesperadas cambiarán. Esas dificultades, pérdidas, metas esquivas y experiencias traumáticas cambiarán con Dios y el tiempo, porque nada permanece igual. Las cosas suelen ponerse muy mal antes de volverse grandes. Encuentro que cambiar nuestra mentalidad es crucial para cómo nos sentimos durante esos períodos en los que la vida parece no tener esperanza. Ser optimista es vital para nuestra perspectiva de futuro. Mantenernos animados y motivados mientras esperamos que se produzcan cambios puede tener un impacto positivo en nosotros. Proteger nuestra mente contra los pensamientos negativos es muy importante porque lo que pensamos suele dictar cómo nos sentimos y cómo respondemos a lo que ocurre en nuestra vida. He aquí una joya que aprendí hace años: Me enseñaron que cada vez que un pensamiento negativo o pecaminoso entra en mi mente, debo reemplazar ese pensamiento con un verso de la escritura o un pensamiento edificante. Al hacer esto, estoy desplazando el pensamiento que me hará sentir triste, desanimado, desesperado o desamparado, lo que hará que pierda su efecto en mí. Al cambiar mis pensamientos, estoy cambiando mi estado de ánimo cuando expulso el pensamiento no deseado. Sigo practicando esa joya.

La esperanza es esperar un resultado concreto de una situación o de una cosa. En quién o qué ponemos nuestra esperanza es crucial para aquello que esperamos. Esperar en cualquier cosa que no sea el Señor sería como esperar en arenas movedizas, que nos hundirán. Es prudente poner nuestra esperanza completamente en el Señor Dios Todopoderoso, porque Él está seguro de cumplir su voluntad. Poner nuestra esperanza en el Señor significa que esperamos que Él satisfaga nuestros deseos proporcionando lo que esperamos. Tengamos valor al esperar en el Señor; Él permanece fiel para siempre, y su amor es indefectible. Él promete que cuando esperamos en Él, nunca seremos avergonzados. La esperanza nunca se pierde, independientemente de los problemas.

En relación con el pasaje de la Escritura en Hebreos 11:1, creemos que la fe es la sustancia tangible de lo que esperamos. Entonces, ¿qué es la esperanza si la esperanza enciende la fe que produce la sustancia que queremos? Creo que la esperanza es el fundamento sobre el que se construye la fe. Sin esperanza, la fe no puede encenderse. Si no hay esperanza, la fe no puede existir, lo que hace que las cosas que deseamos corran el riesgo de no existir. Cuando se enciende la esperanza, se aviva la vida. La esperanza es necesaria para que la fe se active. La esperanza produce la fe que produce la evidencia de las cosas esperadas.

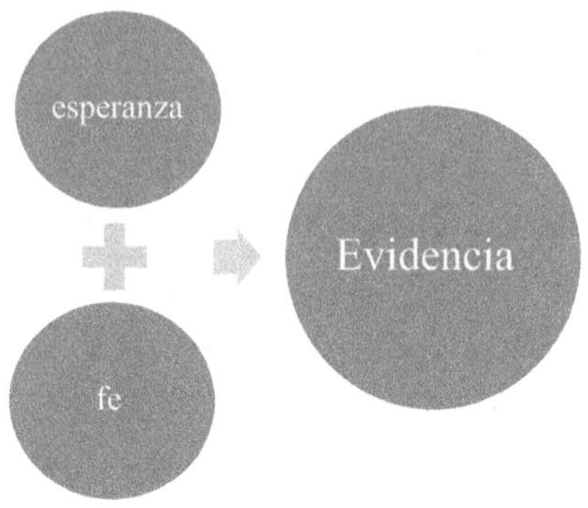

Esperanza + Fe = Evidencia

Nuestra esperanza en Dios estimula nuestra fe para que podamos confiar y tener la seguridad en Él de que obtendremos los deseos de nuestro corazón. Nuestra esperanza infunde vida a nuestra fe en el carácter de nuestro Dios. Para mí, la esperanza es el fundamento sobre el que se construye la fe y se realizan las expectativas. En toda construcción, una base sólida es necesaria. Sin esa base sólida el edificio no será estable.

Para que cada cimiento resista las lluvias, los terremotos, las tormentas y otros desastres, es necesario construirlos con una base sólida de hormigón. El cemento, la arena y la grava se mezclan con agua para hacer el hormigón. Todos los ingredientes son necesarios para hacer el hormigón, y el hormigón es necesario para hacer una base sólida. Incluso con esa mezcla, el agujero que contendrá el hormigón, haciendo la base sobre la que se construirá la estructura, necesita tener la profundidad adecuada para sostenerlo. Si el constructor no lleva a cabo esas medidas, la estructura puede derrumbarse por el más mínimo viento o una lluvia suficiente. Esa es la importancia que creo que tiene nuestra esperanza en el Señor como fundamento. El hormigón que hace de fundamento sobre el que se construye nuestra esperanza es Cristo, la Roca sólida, y la profundidad de ese fundamento se proporciona a través de la Palabra de Dios. No estamos esperando frívolamentelos problemas reales requieren que nuestra esperanza mire hacia algo que es confiable y no está limitado por el tiempo. La única persona que creo que es mejor descrita como confiable y no constreñida por el tiempo es Jesús, así que al hacer de Él el objeto en el que pongo mi esperanza, me estoy asegurando de que mi fe tiene una base sólida sobre la que puede permanecer y no se derrumbará cuando las tormentas o los eventos que sacuden la tierra ocurran. Jesús es la esperanza de nuestra salvación, no sólo para lo que es de esta tierra sino también para el reino que ha de venir. El hecho de que nos haya salvado significa que podemos confiar en Él mientras esperamos lo que no se ve. Jesús es, en efecto, el impulso de nuestra esperanza y nuestra fe. Pero, ¿cómo puede serlo si no estamos familiarizados con quién es Él o si experimentamos amnesia con respecto a sus actos?

Recordemos el carácter de nuestro Señor en el que ponemos nuestra esperanza. Él es el Dios de todos los dioses. Es el que camina con nosotros por el valle de la sombra de la muerte. Él cumple fielmente sus promesas. Tú y todo lo que te concierne le importan. Su corazón se rompe cuando el tuyo se rompe y se apresura a sanarlo. También venda todas tus heridas. Su amor por ti es un compromiso eterno; por lo tanto, podemos esperar en Él porque su amor por nosotros es seguro e incondicional. Él ofrece una redención completa. Él defenderá tu causa; da de comer a los hambrientos y libera a los prisioneros. Puedes abandonar tus preocupaciones en su regazo y tener la seguridad de que Él se ocupará de ellas porque siempre nos lleva a la victoria. Si te sientes desesperado, puedes acudir a Él porque es el Dios de la esperanza. Él te restaurará. Él te cambiará y te establecerá. Él se preocupa por tus relaciones o por la falta de ellas. Puedes confiarle tu corazón y tus pasiones. Mientras le das tu corazón, Él lo llenará con cosas que te excitarán mientras te intimidan agradablemente. Sin embargo, Él pondrá a prueba su corazón para averiguar si su amor por Él es incondicional. Como un amante celoso, Él quiere saber si sólo lo amas cuando la mayoría de las cosas van bien o durante todas las estaciones de la vida. Él es fiel y verdadero. Él desea que los demás te traten bien y que tú extiendas tu amor hacia los demás.

Tu esperanza en Él no es en absoluto ridícula, sino justa. Él ama apasionadamente y da extravagantemente. Él nos da esperanza cuando nuestro corazón ha desmayado. Nuestra esperanza viene de Él. Solía pensar que nuestra esperanza era únicamente un acto interno hacia Él, pero es Él quien llena nuestro corazón con la esperanza que ponemos en Él. Nuestra esperanza en el Señor puede ser intangible, pero es tan potente que impulsa a nuestro esperanzador a actuar, porque su amor por nosotros no nos dejará sin esperanza y mucho menos desamparados. Él vendrá a rescatarte para ayudarte con tu necesidad de elegir el próximo peinado o el siguiente atuendo, o para proteger tu mente contra las cosas que parecen querer robarte el bienestar mental saludable. Su compasión por ti es infinita; no importa lo oscuro que sea el pozo en el que te encuentras, Él está ahí contigo y te sacará. Él siente tu dolor insoportable y no se reirá de tus miedos; te traerá el alivio que más necesitas, lo que le dará gloria. Él es fiel para dar fuerzas cuando las nuestras se agotan por completo, y lo único que nos queda es un sollozo o la expresión de "¡Ayuda!". Él no te da la espalda, sino que te tiene acunado en su brazo.

Una de las cosas que nos atormenta a veces es esa sensación de que los ojos de Dios no están sobre nosotros, de que nuestro Padre Dios se desentiende de nosotros. Eso no podría estar más lejos de la verdad, porque independientemente del lugar de la tierra en el que te encuentres, los ojos del Señor están fijos en ti. Es asombroso y de ninguna manera casual que haya siete continentes en la tierra y la Palabra de Dios dice que los siete ojos del Señor están mirando por toda la tierra, así que adivina quién te está mirando ahora. Así es, ¡el Señor te está mirando!

Sus ojos no son del tamaño de los nuestros; por lo tanto, es imposible que el Señor no te vea. Te está mirando con ternura y amor. Él ve tu dolor, tu confusión, tus deseos, tu pena, tus esperanzas y tus sueños. Él te rodea con Su presencia mientras te lleva a través de todo lo que estás experimentando en tu vida porque Él se preocupa por ti. Sus ojos te observan atentamente, no por condenación, sino con un amor apasionado en Su corazón, que es evidente en la mirada de Sus ojos. ¿Has olvidado que eres la niña de sus ojos? Por lo tanto, esa mirada de amor está destinada a derretir nuestros corazones y a llenarnos de alegría y de una abrumadora sensación de pertenencia, seguridad, consuelo y confianza en que Dios nos cubre la espalda.

Cuando atravesamos dificultades, es fácil pensar: *"Seguramente, el Dios del universo tiene mejores cosas que hacer que verme a mí y al dolor y los problemas que estoy atravesando"*, pero ¿adivina qué? Le da placer vigilarte porque te ama y se deleita en tu existencia. Por lo tanto, Él vigila de cerca y a propósito, con atención y protección. Siempre podemos sentir cuando alguien nos está mirando, o cuando creemos que estamos siendo observados. Sin embargo, a veces creemos que al Señor que nos observa todo el tiempo y constantemente no le importa o que estamos escondidos de Él, o que simplemente está demasiado ocupado. Pero la verdad es que son Sus ojos los que han estado más constantes en nosotros. Está escrito que Él se regocija sobre nosotros con cantos; por lo tanto, Él tiene que estar mirándonos para poder regocijarse sobre nosotros, sobre nosotros y con nosotros. Él es nuestro Padre y aunque cualquier buen padre vigila a su hijo para asegurarse de que todo está bien con él, Él hace un trabajo aún mejor al vigilarnos para poder garantizar que todo está bien con nosotros incluso durante los momentos más difíciles de nuestras vidas.

Es asombroso que los siete ojos de Dios estén mirando la tierra, así que si estás en Jamaica y has decidido visitar varios países dentro de cuatro continentes, sin importar los husos horarios y los múltiples viajes y experiencias, Sus ojos todavía están sobre ti. Cuando has aterrizado en cualquier país, Sus ojos ya están allí esperando tu llegada, y sin embargo, Él nunca quitó Sus ojos de ti. Para mí, eso es alucinante. Saber que el Señor vela constantemente por mí me hace querer gritar. ¿Y tú?

Es bueno saber que el Dios Todopoderoso nos vigila. Tengan la seguridad de que los ojos del Señor están continuamente sobre ustedes desde el comienzo de cada año hasta su final. Me encanta lo que dice 2 Crónicas 16:9 (NVI): *"El Señor recorre con su mirada toda la tierra, y está listo para ayudar a quienes le son fieles "*. Puedes estar seguro de que Él no quita sus ojos de los justos porque sólo Él puede librarnos y protegernos contra las trampas. Él tiene la mejor visión de rayos X porque Sus ojos han estado en nosotros desde antes de que nuestro cuerpo fuera formado. Eso significa que Él nos miraba antes de que fuéramos embriones. Él conoce nuestro tiempo de nacimiento, incluso nuestro viaje hasta nuestro tiempo de muerte. Los ojos del Señor nos conocen íntimamente. Somos especiales para nuestro Padre, que nos creó. Sus ojos ven cada lágrima que cae de nuestros ojos, y Él las enjuga. Si no nos hubiera mirado, no habría visto nuestros quebrantos, frustraciones, penas, pérdidas y dolores. Ellas lo impulsan a tomarnos en sus brazos y llevarnos a través de todo mientras nos sana. Por lo tanto, si te sientes solo, recuerda que los ojos del Señor están intensamente sobre ti y Sus brazos te rodean con seguridad. No estás solo.

¿Recuerdas la ferocidad de Su amor por ti y que nada puede separarte de él? Su amor estabiliza; calma nuestros miedos y nuestro espíritu. Nos da la esperanza de que espera la curación en nuestro corazón, alma y cuerpo mientras lo esperamos pacientemente. Él es nuestro animador más ruidoso. Nos susurra al oído, al corazón, a la mente y al alma que no debemos rendirnos sino seguir adelante. Constantemente nos anima a que seamos más que vencedores; que seamos vencedores. Somos amados por Él, y no nos ha dejado solos. Se adelantó a nosotros para preparar todos nuestros mañanas y luego viene a donde estamos para poder caminar con nosotros a través de los desafíos, llenándonos de esperanza de que nuestro viaje no es en vano sino hacia un final esperado. Él sabe lo impactantes que son algunas de nuestras experiencias, por lo que nos lleva a través de ellas. Él sabe que necesitamos desesperadamente su presencia para soportar muchas cosas; como resultado, su presencia nunca nos abandona.

Cristo es seguro; por lo tanto, la esperanza es segura porque la esperanza es una promesa y una expectativa que están envueltas en Cristo Jesús. El que promete es fiel. Nos atrae con la esperanza que suscita en nuestros corazones. Como dice la Biblia: "Porque la creación fue sometida a la frustración, no por su propia elección, sino por voluntad del que la sometió, con esperanza". ¿Puedes ver cómo Él tira de tu corazón para que tengas esperanza? Él quiere que tengamos una esperanza continua, aunque la frustración nos atasque. Él despierta la esperanza dentro de nosotros. De hecho, Él nos mantiene en ese lugar de esperanza porque sabe que el cambio vendrá cuando tengamos esperanza.

¿Te has sentido alguna vez verdaderamente frustrado? Estás esperando algo en Dios, pero la espera te frustra, y cada vez que estás decidido a olvidarlo, a rendirte, a tirar la toalla, te sientes sometido a la esperanza de nuevo, así que estás en esa fortaleza entre la esperanza y la frustración. Estás en el lugar correcto; estás justo donde Dios quiere que estés, en ese lugar de esperanza hasta que... Esos momentos en los que nos sentimos frustrados, tal vez sea un lugar santo, lo que significa que estamos en la voluntad de Dios porque Él permite que la frustración traiga esperanza. Su amor por nosotros es feroz, y como tal, Él hace todo lo necesario para asegurar que estemos en posición de obtener todo lo que Él tiene para nosotros que nos beneficiará para la vida y la piedad. Así que, si esto significa que Él tiene que someternos a ese lugar de esperanza aunque estemos realmente frustrados, Él nos mantiene allí porque la esperanza debe dar su buen fruto.

Creo que el Señor se deleita en mantenernos en este lugar de esperanza. Recuerdo un versículo que me llamó la atención mientras tenía mis devociones una mañana de febrero *de 2017. Se trata de Zacarías 9:12 (NVI), que dice: "Vuelvan a su fortaleza, **cautivos de la esperanza**, pues hoy mismo les hago saber que les devolveré el doble."* (Énfasis añadido).

Es sorprendente que el Señor nos llame "Prisioneros de la esperanza". Es Él quien nos ha convertido en sus prisioneros de la esperanza por su intención de devolvernos el doble de lo que esperábamos o habíamos perdido. Creo que las cosas que estamos rezando y esperando que el Señor aún no nos ha dado son las cosas que el Señor está usando para mantenernos prisioneros de la esperanza. En otras palabras, Él retiene esas cosas para mantenernos con esperanza. Ser un prisionero significa que una persona está confinada. Esa persona no es libre de hacer lo que quiera; no puede ejercer su libre albedrío porque está encarcelada. Ser prisioneros de la esperanza de Dios significa que podemos querer renunciar, esperar o dejar ir las cosas que deseamos, pero seguimos esperando y rezando porque el deseo de aquello que esperamos y aguardamos nos retiene y ese agarre de la esperanza es demasiado fuerte para que lo dejemos ir. Es como si estuviéramos cautivos de la esperanza.

Incluso cuando la duda nos inunda y nos anima a rendirnos, la esperanza sigue reavivando y tirando de nosotros para volver a creer en Dios. Es como si nuestra esperanza de que esa situación concreta se resuelva, o de que esa cosa salga adelante, nos tuviera prisioneros y se negara a dejarnos ir. Esas cosas por las que constantemente buscamos a Dios consumen nuestros pensamientos. Son las últimas cosas en nuestra mente antes de ir a dormir y el primer pensamiento que tenemos al despertar. Es lo que le recordamos al Señor repetidamente. Somos prisioneros de nuestra esperanza. Es este lugar de esperanza en el que el Señor nos tiene y no permite que nos demos por vencidos o nos distraigamos, por lo que permanecemos en esa celda. Mientras esperamos, debemos tratar de recordar que Dios nos tiene como sus prisioneros de la esperanza mientras Él trabaja todas las cosas para nuestro bien. Lo bueno es que Él nos devolverá el doble. Esperar esa cosa en particular no es una sentencia de por vida, sino una puerta giratoria como prisioneros de la esperanza a medida que surgen nuevas situaciones porque Él obrará todas las cosas de acuerdo con Su voluntad y en Su tiempo señalado.

Curiosamente, el aplazamiento de la esperanza es deliberado. Sí, la esperanza ha sido aplazada incluso mientras somos mantenidos como su prisionero. Nos sostiene mientras se retrasa; es como el pegamento entre nosotros y nuestro esperado final. Nos retiene, y también es lo que se necesita para liberarnos e iniciar nuestros avances. La esperanza aplazada enferma el corazón, pero cuando la esperanza está viva, nos mantiene expectantes. Hay momentos en los que la esperanza parece haberse fugado; sin embargo, siempre se vuelve a encender porque la verdad es que nuestros deseos están siendo guardados por ella. Al ser guardados como prisioneros de la esperanza de Dios, significa que nuestros corazones y deseos están a salvo con Él. Podemos confiar en El con ellos porque El nos dará el deseo de nuestro corazón o El tiene algo mejor guardado que planea darnos. Habiendo visto el compromiso que el Señor tiene con nosotros, creo que Él es la Roca sólida en la que podemos poner nuestra esperanza.

Creo que somos prisioneros de la esperanza y que se nos frustra para que no nos rindamos porque hay poder en la esperanza.

Creo que la esperanza es extremadamente poderosa. Una persona puede perderlo todo pero seguir teniendo esperanza, y seguramente recuperará incluso más de lo que había perdido (Dios siempre nos hace progresar, siempre le he visto hacer más, no menos). Sin embargo, si lo pierden todo, incluida la esperanza, entonces lo habrán perdido realmente todo y la recuperación parecerá imposible. Creo firmemente que una vez que hay vida, puede haber esperanza; después de todo, *"Entre todos los vivos hay esperanza, pues vale más perro vivo que léon muerto."*(Eclesiastés 9:4; NVI).

El poder de la esperanza es transformador. Es restauradora y puede revolucionar la vida de una persona. Si un paciente tiene una enfermedad que pone en peligro su vida, pero tiene la esperanza de poder recuperar una salud excelente, esa esperanza le da la fuerza de voluntad para luchar con la expectativa de que volverá a estar bien. La esperanza es el poder necesario para superar todos los retos. La esperanza es tan poderosa que puede magnetizar aquello que creemos que Dios manifestará en nuestras vidas. La esperanza y la creencia van juntas, mientras que la esperanza y la incredulidad no se relacionan. Todos esperamos algo, ya sea un mañana más brillante, que las cosas mejoren, o algo que creemos que hará nuestra vida más feliz o mejorará nuestro estatus en la vida. Todo lo que esperamos es imprescindible para nosotros. El poder de la esperanza estaba activo en el corazón del caballero mencionado al principio de este capítulo; evidentemente no se le había escapado, independientemente de las circunstancias, porque por muy oscura que parezca su situación en el presente, ese futuro empresario no ha permitido que se le escape. Es sorprendente que, a pesar de su situación y de sus retos, siga esperando un mañana mejor. En ese momento de nuestro encuentro parecía que había captado el hecho de que su situación cambiará, y los problemas desaparecerán en cuestión de tiempo. No importa lo bajo que llegue una persona en la vida, siempre existe la posibilidad de que se levante de nuevo. La esperanza es así de poderosa.

La esperanza es tan poderosa que nos impulsa hacia nuestro cambio, ya que tira del cambio en nuestra dirección, asegurando que estamos entregando los desafíos mientras nos movemos hacia nuestro final esperado. Sin esa fuerza de la esperanza, probablemente nos quedaríamos atascados en el lugar de la desesperación. Sin embargo, no es así como debe escribirse nuestra historia. Está escrito que hemos superado cada desafío victoriosamente, y así nuestra esperanza nos impulsa para lograr la victoria. La esperanza es como el motor de una turbina en un avión: sin esa potencia del motor, el avión no podrá bajar por la pista y ciertamente no podrá despegar. Esa potencia es necesaria para que el avión llegue a su destino y a los pasajeros que lleva. La esperanza tiene el mismo efecto; es el poder que se necesita para conectarnos con la expectativa de la buena voluntad y los planes de Dios para nuestra vida. El plan que Él tiene para nosotros es darnos esperanza y futuro. Por lo tanto, la esperanza nos impulsará hacia sus maravillosas bendiciones que Él tiene reservadas. Esta esperanza hace que el Señor se adelante a nosotros y despoje a nuestros enemigos de lo que nos pertenece y nos dé posesión de ellos. Mientras Él hace eso, construye nuestro coraje y confianza en un mejor mañana. Nuestra esperanza no es vana, porque está cifrada en nuestro Dios, cuyas obras son perfectas y cuyos caminos son justos. Por lo tanto, deja que tu esperanza te impulse a salir de tus desafíos y libera tu mente de los pensamientos opresivos que buscan nublar tu perspectiva. Empodérate con tu esperanza, porque tu esperanza es necesaria para activar tu fe, que impulsará la evidencia de lo que esperas a la existencia porque un anhelo cumplido es como un árbol de la vida.

CAPÍTULO 7

Transición al Propósito

La transición es a menudo un periodo de nuestras vidas que se pasa por alto porque, como el acto de la transición puede ser doloroso, sólo queremos que el periodo difícil termine rápidamente. Como resultado, pasamos por alto los sutiles cambios que se están produciendo.

Según el II New Riverside Diccionario de Webster, "La transición es un acto o proceso de cambio". Creo que la transición es la revelación de ese proceso de cambio y de lo que el período de procesamiento ha logrado. Es la revelación del diamante que emerge del carbón; el cambio de lo viejo a lo nuevo; la revelación de la voluntad y el propósito de Dios para tu vida. Es el paso de entrar en tu propósito-un cambio metamórfico de nuestra elección a la voluntad y los propósitos de Dios para nuestras vidas. Esta transición ocurre cuando hemos sido removidos de nuestro plan hacia el plan de Dios. Este nacimiento hacia el plan de Dios para nosotros es a menudo extremadamente difícil. Es doloroso, y a veces, puede ser incluso tumultuoso porque es la batalla de las voluntades que está ocurriendo, pero el nacimiento es necesario para que nazcamos en lo que el Señor nos ha creado. El período al que me refiero es un pasaje transitorio de nuestra transición hacia el propósito.

Así es como ocurre la transición: el comienzo ocurre mientras estás siendo procesado, mientras tu esperanza es diferida o mientras estás en ese estado como prisionero de la esperanza. Por debajo de todo lo que está ocurriendo, el Señor está haciendo la transición hacia el propósito. Pensamientos sutiles, casi desapercibidos, se encienden en tu interior, pero el estruendo de nuestros desafíos ahoga los cambios que están teniendo lugar. Es una temporada de cambios. A medida que el tiempo tumultuoso se extiende, la transformación comienza a nacer dentro de nosotros. Con el tiempo, los cambios se hacen perceptibles tanto para ti como para los demás. El cambio es interno y puede verse externamente por tu disposición y aura. A causa de los cambios, no puedes conformarte con lo que había, porque no te lo permite, así que te ves espoleado por estos nuevos deseos de hacer un cambio o de ser ese catalizador, dejándote impulsar por tus inspiraciones. Las semillas están germinando, y esos pensamientos sutiles comenzarán a desarrollarse en una visión. A medida que evolucionen, empezarán a brotar en territorios que son nuevos para ti. Te aseguro que, más o menos en este momento, vas a sentir que huir parece ser la mejor opción porque la vida está en su peor momento. Todo lo que pueda ir mal irá mal; es como la tormenta perfecta. Puede que sientas que6 estás sufriendo más allá de lo que eres capaz de soportar, pero aguanta. Es una situación en la que estás presionado por todos lados, pero la transición hacia el propósito no es fácil.

Cada nación y persona de peso ha pasado por períodos de transición. Es importante reconocer tu período de transición porque ayuda a darle sentido al período de procesamiento y a todo lo que está sucediendo en tu vida. El periodo de transición es el vehículo que te lleva a salir de esa temporada difícil. El cambio que conlleva puede ser tan radical, y tu decisión de abrazar la conducción de la transformación puede ser tan intimidante a veces que puede hacerte cuestionar si estás haciendo lo correcto al seguir esa inspiración que está irrumpiendo en tu ser. Sé paciente cuando respondas a las preocupaciones de tus seres queridos cuando cuestionen las elecciones que estás haciendo como resultado de la transición hacia el propósito, especialmente si a sus ojos estás cambiando de una elección admirable a una aparentemente menos admirable, y sólo estás "deprimido". Han observado que estás perdiendo o puedes haber perdido mucho de lo que tenías, sobre todo si eras económicamente estable y ahora te has convertido en el receptor de la benevolencia. El cambio también ha afectado a las cosas que suelen funcionar para ti, sobre todo a aquellas de las que dependías, para darte cuenta de que ya no te dan el mismo resultado. Tu vida es aparentemente una imagen de fracaso y decepción a los ojos de tus seres queridos. No hay que preocuparse: el panorama general acaba aclarándose para ellos. La transición hacia el propósito puede ser un lugar solitario porque los demás no siempre entienden el cambio o la razón de éste. Las dificultades pueden hacer que te preguntes: *"¿Por qué debo esperar más al Señor?"*

Procesemos esto: si no esperas en el Señor, ¿tienes una opción mejor que la suya? Nuestras opciones no son mejores que las de Él, y nunca podrán serlo, así que no nos engañemos. Por el contrario, debemos ser pacientes mientras hacemos la transición hacia la grandeza. Por lo tanto, ten en cuenta que se necesita tiempo, paciencia y perseverancia. Sobre todo, sé persistente porque esta transición te está sacando de lo familiar y ordinario, así como de lo común, para llevarte a lo grande. Nuestra grandeza reside en nuestra transición. Es el período que está haciendo surgir la razón por la que fuiste creado y cómo puedes impactar en el mundo. Te asombrarás completamente de las maravillas de los planes de Dios para ti.

Estamos acostumbrados a la transición porque fuimos transidos del reino de las tinieblas a la maravillosa luz de Dios cuando nos convertimos en hijos de Dios. Sin embargo, la transición por la que estamos pasando nos empuja a un propósito.

La transición requiere mucho esfuerzo de nuestra parte. Tenemos que ser flexibles si queremos cambiar con los cambios. También tenemos que estar dispuestos a aceptarlos. Debemos ser sensibles a la guía del Espíritu Santo. No rechaces la inspiración que está naciendo en tu corazón como pensamientos tontos porque parezcan tan fuera de lo común o no sean propios de ti, sino que míralos como lo que son: inspiración divina. No te aferres a lo familiar en lugar de avanzar hacia el propósito. Resiste el deseo de mirar hacia atrás a lo que es cómodo y fácil de perseguir, o peor aún, seguir haciendo lo propio.

Persigue el propósito con el Señor; te alegrarás de haberlo hecho.

Aunque la transición es difícil, también es muy gratificante y emocionante. A medida que pasamos por el pasaje de la transición, estamos siendo transformados para ocupar nuestro nuevo estado de ser, nuestro propósito. Nunca, nunca, nunca te rindas. Confía en el cambio continuo del periodo de transición; permanece fluido mientras lo viejo pasa y lo nuevo se agita para nacer. Enfréntate al miedo a lo desconocido respecto a cómo se desarrollará el final de la transición. El miedo es un monstruo mentiroso; se envuelve en nuestra mente, presentando una pseudo percepción del resultado final. Es increíble lo rápido que nos creemos las mentiras. El miedo dice que fracasarás; que no lograrás esas visiones que están naciendo en ti, y sin luchar, las mentiras son aceptadas. Pero ¡reprende las mentiras! Elige creer que Aquel que comenzó una buena obra es fiel para terminarla dentro y a través de ti. Intrígate y emociónate por descubrir lo que está naciendo en tu vida y anticipa y visualiza su desarrollo en el futuro.

Si eliges abandonar durante el periodo de transición, estarás abortando la finalización de tu proceso. En lugar de nuevos comienzos, volverás a lo viejo porque es familiar, fácil y cómodo. Muchas personas han tomado esa decisión de rendirse y algunas no han vuelto a intentar cumplir ese maravilloso destino que aún les espera. Eso significa que en lugar de salir como una hermosa mariposa, serán parte oruga y parte mariposa. Su proceso está incompleto. Serán bienvenidos, aceptados y encajarán bien entre aquellos que tuvieron miedo de intentarlo o que decidieron no soportar los duros momentos que acompañaron al cambio. Hay que evitar a toda costa este tipo de empresas. Eso significa soportar la transición hacia su propósito: ese es el coste que tendrá que pagar. Depende de ti contar el coste y decidir si quieres pagarlo. Se nos anima a no conformarnos con el modelo de este mundo, sino a ser transformados por la renovación de nuestras mentes. Hacer lo que es normal o lo que todo el mundo hace es un acto de conformidad con el modelo del mundo. Vinimos, vimos que todo el mundo se dedicaba a los mismos tipos de ocupación o simplemente existía, así que empezamos a clonar lo que era normal dentro de nuestra sociedad mientras ignoramos o tenemos miedo de la música que resuena dentro de nosotros porque es demasiado diferente y no queremos ser diferentes. Tampoco queremos soportar el coste de convertirnos en lo que estamos destinados a ser; como resultado, elegimos no bailar esa música.

El propósito es el factor que define la transición. El propósito es la meta final a través de todo lo que el Señor nos llevará a través; es el cumplimiento de lo que estamos llamados a hacer. Sin propósito, sólo estamos deambulando, haciendo varias cosas con la esperanza de lograr satisfacción en nuestro "hacer". Pero no tiene que ser así, porque somos elegidos por Dios. Él nos predestinó a realizar su plan si nos conformamos a su propósito para nuestras vidas. En el momento en que tomemos esa decidida decisión de alinear nuestra voluntad con la de Dios y elijamos conformarnos a Su propósito para nuestras vidas, seremos imparables. Descubriremos la alegría y la satisfacción que nunca anticipamos. Esa es la bendición del propósito, y francamente, en el gran esquema de las cosas, nada más importa.

Cumplir el propósito de Dios no depende de nuestra propia capacidad; es Él quien está trabajando en y a través de nosotros para llevar a cabo aquello a lo que nos ha llamado. Él nos llevó fielmente a través de la etapa de procesamiento, nos mantuvo como prisioneros de la esperanza, y nos guió a través del proceso de transición hacia el propósito. Su plan no es sólo llevarnos al umbral del propósito y dejarnos allí, sino que nos conduce a través de las puertas abiertas hacia el destino. Él nos enseña cómo pedir y dónde buscar todo lo que se requiere para que tengamos éxito en nuestro llamado. El poder de su grandeza nos anima a hacer su voluntad, no con mediocridad sino con excelencia, cuando ocupamos ese espacio de propósito. El propósito nos hace brillar. Daniel 12:3 dice que los sabios brillarán como el resplandor del cielo, y los que llevan a muchos a la justicia brillarán como las estrellas por los siglos de los siglos. Tú estás brillando porque todo lo que el Señor te ha traído te ha hecho sabio, y el propósito te impulsa a guiar a muchos a la justicia. Brilla porque has sido transitado; lo viejo ha pasado, así que bienvenido al nuevo nivel al que Cristo te ha llevado. Lograste pasar por lo que parecía un infierno y regresar, pero mírate ahora, sonriendo porque estás en tu nuevo espacio y cumpliendo tu propósito. Apuesto a que no sabías todo lo que el Señor tenía preparado para hacer en ti, a través de ti y para ti te esperaba todo este tiempo.

Los planes y propósitos revelados de Dios para nuestras vidas suelen dejarnos asombrados. Asociarse con el Señor y funcionar en la capacidad en la que hemos sido llamados es como aceptar finalmente el trabajo de nuestros sueños. Tenemos garantizada la satisfacción con esta asociación. Somos bendecidos cuando esperamos en el Señor y llegamos al final de nuestra transición. Ese es un lugar muy dulce para estar.

Sin saber nuestro propósito, todo lo que hacemos o logramos no tiene sentido. (¿O es que su trabajo tiene sentido porque en realidad está dentro del propósito? Trabajar fuera del propósito suele hacer que nos sintamos insatisfechos/frustrados, por lo que las personas siempre intentan encontrar ese "trabajo soñado", que en realidad está ligado a su propósito). Nuestro propósito está envuelto en lo que hacemos y en lo que somos. Contribuye a que nos sintamos validados. El propósito del hombre es servir y representar a Dios en todo lo que hacemos. Al hacerlo, seremos agradables a Dios y sus bendiciones por ser obedientes abundarán en nuestras vidas. El Señor difiere nuestra esperanza para que Él pueda trabajar Su propósito en nuestros corazones y glorificar Su poder y poderoso nombre en nuestras vidas y naciones. Porque el Señor está involucrado en los asuntos de los hombres, Él trabaja para cumplir Su propósito en nuestras vidas. El propósito del Señor es inamovible. Nada ni nadie puede hacer que Dios deje de cumplir su propósito. Nuestro Señor es un Dios de propósito-una vez que está firmemente establecido en Su mente hacer algo, Él no se detendrá hasta que se haga. Proverbios 19:21 (NVI) dice: "El corazón humano genera muchos proyectos, pero al final prevalecen los designios del Señor." Cuando se trata del propósito de Dios, Él hace lo que le agrada. No puede ser frustrado. El Señor establece ese propósito en nuestros corazones. Él sabía qué era lo que quería lograr en nuestras vidas antes de la fundación del mundo. Su propósito está más allá de nuestra capacidad de razonamiento. Él funciona dentro de lo que es ilógico para nosotros, fuera de las culturas y costumbres.

El viaje hacia el propósito puede ser tan poco atractivo debido a las dificultades asociadas con él, pero el Señor está comprometido a cumplir Su voluntad a pesar de nuestras lágrimas: el propósito dará fruto. Sin embargo, cuando Su obra se completa en nosotros, el cambio es inspirador.

El propósito de cada uno es diferente, y cada uno será recompensado en consecuencia. El propósito es encontrar quién eres y para qué estás hecho; es la fuerza motriz que empuja nuestra pasión. Satisface nuestra necesidad de pertenencia y responde a una de las preguntas de nuestra existencia en la tierra: *"¿Para qué estoy aquí?"* Creo que lo peor de la vida es trabajar sólo para pagar las facturas y sobrevivir. Esas razones son la causa de la tristeza de los lunes por la mañana. También nos quedamos atascados en ese camino durante años, principalmente porque no conocemos nuestro propósito. El miedo a lo desconocido también nos mantiene atrapados en esas vías. ¿Qué es lo que deberíamos hacer para sentirnos satisfechos? A veces, la gente nos forzará a entrar en su molde; resístete a ellos y permite que el Señor trabaje el propósito en y a través de ti.

Al pasar por mi procesamiento, nunca he experimentado la vida de una manera tan difícil, pero dio lugar a una palabra profética que recibí hace años que soy un autor de libros. En el momento en que empecé a escribir, dio a luz a otras cosas que no me di cuenta de que estaban dentro de mí. El Señor nos guía con su consejo y nos lleva a nuestro destino. Estos desarrollos me han dado tanto placer y satisfacción, pero me exigen un crecimiento continuo. Todo es bueno porque me encanta aprender y ampliar mis conocimientos. Sin embargo, también he tenido la maravillosa experiencia de aprender con personas que tenían sus propias opiniones sobre lo que debía hacer con mi vida -sin consultar a Dios en mi nombre para saber si estoy en el camino correcto- simplemente porque querían que hiciera lo que les convenía a ellos y a su propósito. Doy gracias a Dios por conocer mi mandato y lo que el Señor quiere que haga. Como resultado, no me conformo con las ideas de la gente sobre quién debo ser y cuál es la mejor manera de impulsar su agenda. De ninguna manera. Mi obediencia a Dios es mejor que el sacrificio, incluso en medio de dificultades extraordinarias. El propósito y la agenda de Dios para mi vida siempre entrarán en conflicto con los planes que otros desean para mi vida. El éxito material es bueno, pero nunca puede equipararse al cumplimiento de lo que Dios quiere que hagamos, porque este último escenario garantiza agradar a Dios y la realización personal. Ten mucho cuidado porque la gente querrá usar lo que Dios te ha bendecido para cumplir Su propósito para su beneficio personal.

Es fundamental que conozcas tu mandato en cuanto a lo que el Señor te ha llamado a hacer y lo hagas. No te distraigas. La compensación del mundo no es nada en comparación con las bendiciones de Dios para ti. Por lo tanto, no te conformes. Si no sabes cuál es tu mandato, pasa algún tiempo con el Señor para que Él te diga cuál es Su mandato para ti en la tierra. Si le preguntas, recibirás Su dirección. El mandato que el Señor te da establece un parámetro para lo que puedes hacer con tu tiempo y habilidades. Te ayuda a informarte en cuanto a quién servir, dónde gastar tu energía, y cómo puedes servir al Señor para que Él pueda usarte para el fortalecimiento de otros y de nuestras naciones. Asegúrate de hacer lo que está de acuerdo con tu mandato porque todos tenemos que dar cuenta de todo lo que hacemos al final de nuestros días. Permítanme animarles a que elijan siempre complacer al Señor y no al hombre; serán mejores por ello. También, por favor, recuerda no agarrar tan fuerte esas maravillosas habilidades que te ha prestado el Señor para el beneficio de otros y para la gloria del gran nombre de Dios. No dejes que se te hinche la cabeza por los dones y habilidades que el Señor ha depositado en ti para cumplir su voluntad. Tengamos siempre presente que sólo somos conductos para el Señor. Disfruta el hecho de que el Señor nos está usando para traer gloria y honor a Su nombre, pero es Su gloria y Su honor. Es una cosa peligrosa tomar lo que pertenece al Señor. Por lo tanto, evitemos tal locura y demos todas las alabanzas al Señor Altísimo.

Caminar con un propósito puede ser tan inspirador. Recuerdo que fui a una reunión para entender mejor la industria relacionada con las inspiraciones que se estaban desarrollando en mí, y noté que sentía que estaba pisando más alto de lo habitual. Llegué a la conclusión de que tenía ánimo porque las semillas que estaban germinando en mí eran en realidad un propósito que me impulsaba hacia adelante. Una vez que el propósito se apodera de tu corazón, no hay vuelta atrás: es un movimiento hacia el destino.

El destino es una llamada, y hay que responder a ella. Usted fue diseñado para su destino por Dios mismo. Algunos de nosotros sabemos cuál es nuestra vocación desde una edad temprana: es esa cosa que nos atrae y cautiva nuestra atención; ignorarla nos habría dejado en la miseria. Ese es el llamado del destino, y hay quienes entre nosotros lo reconocieron tempranamente. Mientras tanto, hay otros entre nosotros que descubren más tarde en la vida cuál es su propósito que conduce a su destino, pero el resultado es siempre el mismo independientemente de cuándo se revele. ¡Oh, la alegría de saber! Esa alegría de saber lo que estamos destinados a hacer, y de quién somos, nos lleva a través de esos altos y bajos de cumplir con nuestra vocación. El destino a veces nos lleva a través de la situación más desalentadora. El destino de Jesús era ir a la cruz para que la humanidad pudiera ser salvada. El viaje a la cruz fue duro, pero Él lo soportó y mientras estaba en el proceso, despreció su vergüenza al derrotar a la serpiente que estaba predestinada a golpear su talón. Hay destinos que conducen al triunfo y a la victoria, y hay otros que han causado la destrucción. Todo depende del corazón del individuo. Si el deseo se utiliza para ganancias egoístas en lugar de la mejora de la humanidad, el egoísmo puede traer la ruina a los individuos. Por ejemplo, Salomón estaba predestinado a construir el templo de Dios. Él tenía el llamado, la unción y la habilidad para construir una casa para el Señor. Esto fue predicho de él antes de que fuera concebido, y por lo tanto, cumplió su llamado a ser el rey que construiría una casa para Dios. Tal como se predijo de él, cumplió el propósito de Dios para su vida; sin embargo, como tenía la unción sobre su vida y las habilidades para construir una casa adecuada para una deidad, utilizó esa experiencia para construir lugares altos para los dioses de sus esposas. Utilizó las capacidades que Dios le había dado para profanar la tierra haciendo una cosa tan mala a los ojos del Señor. No sólo construyó esos lugares altos, sino que también siguió a esos dioses. Había disgustado tanto al Señor que éste levantó enemigos contra él. Había heredado un tiempo de paz, pero lo perdió por sus actos detestables. La grandeza estaba en su destino antes de empezar, pero eso cambió porque su corazón se apartó de Dios. Si no lo hubiera hecho, el final de su vida podría haber sido más grande que su comienzo. Tenemos que elegir nuestras alianzas sabiamente. Lo que nuestro corazón está arraigado importa y con quién nos asociamos puede influirnos para bien o para mal. Soporta las dificultades; serás mejor por ello.

También podría considerarse a Judas. Tenía una posición maravillosa entre los discípulos, pero la explotó por dinero traicionando a su líder, aunque para ser franco, no pudo evitarlo porque ese era su destino. Todos tenemos un destino, pero el corazón de un hombre es crucial para las decisiones sobre cómo se utilizará. Nuestro ingenio es nuestro; Dios nos lo dio. No nos lo quitará, pero la pureza de nuestro corazón nos obliga a decidir qué haremos con él. ¿Alguna vez has mirado algunos de los crímenes cometidos y te has preguntado cómo, en el cielo, se les ocurrió orquestar tal crimen con tanto ingenio y creíste que podrían haber utilizado su capacidad cerebral de maneras más significativas que pudieran ayudar a la humanidad? Yo sé que sí. Esa es la elección que algunas personas hacen con los talentos, la habilidad, el ingenio que Dios les dio. Como tal, lleva sus vidas a la destrucción. Elige este día cuáles serán tus elecciones con aquello que el Señor ha hecho nacer en tu corazón porque nadie está exento de la tentación, pero todos tenemos la opción de no ceder a esos tentadores pensamientos atroces o tal vez seductores que sabemos que pueden llevarnos a un final agrio.

El destino llama, pero ¿elegirás servir o serás servido como resultado de él? Esa decisión puede responderse fácilmente cuando examinamos nuestro corazón. No te preocupes: si encuentras que quieres hacer a un lado la agenda de Dios, simplemente sé honesto con Él en cuanto a cómo te gustaría usar esas habilidades, pero cuando hayas compartido tu corazón, permite que Él comparta el suyo y cambie el tuyo. Te alegrarás de haberlo hecho. Ser honesto con el Señor siempre es beneficioso. Todo lo que hacemos es por nuestro amor a Dios, no por los gustos de los demás. Los gustos fallarán, pero cuando lo hacemos por Su amor, somos ganadores. Así que, Hijos de Dios, elijamos sabiamente porque, al final, estaréis orgullosos de vosotros mismos.

Nuestro destino influye en otros para que se eleven a su propósito. Por ejemplo, ¿has conocido a un pastor que ha impactado tanto tu vida que tienes que darle algún crédito por su estímulo, influencia y apoyo para que persigas tu propósito y lo alcances? Nos impactamos mutuamente: alguien te impactó a ti, y tú impactarás a otros también. Así es como el Señor lo diseñó. Cuando caminamos en nuestro llamado, también damos esperanza a otros al impactar sus vidas y las de otros. Puede que nos encontremos convirtiéndonos en defensores o trayendo conciencia al mundo para que los cambios puedan ser implementados o simplemente para estar en contra del status quo. No tengas miedo de representar la llamada de tu corazón cuando te lo pidan. Tu sí es el acuerdo necesario para que se te escuche y para que tengas un impacto en la vida de la forma en que sólo tú puedes hacerlo. El poder de influir en el cambio está dentro de ti, pero no lo sabrás hasta que hayas salido a ese lugar de tu vocación. La magnitud de nuestra influencia se decidió antes de que comenzara el tiempo. Todo lo relacionado con nosotros se sabía hace mucho tiempo, así como lo que sería cada persona. Es inútil discutir con Dios sobre tu destino. Él va a completar lo que pretende para tu vida. Me gusta el hecho de que Él va a completar sus planes para nosotros porque no será con mis fuerzas y el final depende completamente de Él.

Es importante que cambiemos nuestra mentalidad durante el período de transición. Aferrarnos a nuestra vieja mentalidad puede obstaculizar el crecimiento necesario para elevarnos, así como para que logremos el impacto que necesitamos. Permite que todo tu ser se transforme. Un sastre no cogería una tela nueva y la cosería sobre una vieja porque la diferencia entre la gastada y la nueva sería evidente. Además, la que está gastada pondría la prenda en riesgo de desgarrarse. Lo mismo ocurre con el crecimiento nuevo con una mentalidad vieja: cuando eso ocurre, se convierte en conocimiento de la cabeza pero falta la transformación del corazón, lo que provoca una fisura entre el crecimiento que se está produciendo y la nueva mentalidad que se niega a ceder territorio. Cuando hay un estancamiento mental, tiene el potencial de afectar negativamente al individuo porque es necesario que haya un desarrollo personal para que pueda haber progreso. Con el crecimiento viene el cambio y con el cambio viene el crecimiento, así que sigue creciendo. No hay límite para el desarrollo.

Nuestro desarrollo es continuo, y tu crecimiento continuo es necesario para gestionar la llamada de tu vida. Si pones un tope a tu desarrollo personal, estarás cometiendo una injusticia. Además, el mundo que está esperando tu impartición constante para ayudarles a crecer también estará en desventaja como resultado de tu decisión.

Nuestra elección de crecer continuamente podría considerarse una forma de ampliar nuestros territorios. Este concepto no tiene por qué limitarse a una esfera física o a una cartera financiera, sino que también podría aplicarse en el plano intelectual, psicológico, espiritual y mental, así como en otros muchos "aliados". Debemos trabajar continuamente para ampliar todos nuestros territorios a medida que nos liberamos de la vieja mentalidad y nos envolvemos exuberantemente en nuestra mentalidad en desarrollo. El cambio en nuestro desarrollo tendrá un impacto positivo en nuestra vida y en la de los demás. Permitir que el Espíritu Santo renueve nuestras mentes hará que esos grilletes de las limitaciones se caigan, y seremos libres para salir de la cueva de las limitaciones mentales. Ya sabes, esa cueva en la que puedes ver la luz de la esperanza pero el miedo te retiene por la duda, o crees que no mereces los cambios o incluso puedes tener miedo de los cambios. Todos hemos experimentado el miedo en varias ocasiones, pero nunca permitas que determine tu avance hacia el propósito o tu impacto en el mundo. ¿Qué territorio te gustaría que el Señor despojara al enemigo por ti? Necesitamos héroes y heroínas modernos para salvar a nuestros hijos. ¿Te gustaría que el Señor luchara contigo para despojar al enemigo mientras lucháis juntos por las almas de algunos niños? ¿Qué territorios te gustaría poseer para el Señor? ¿Es tu familia, tu bienestar? ¿Qué tal el hecho de no aceptar ningún pensamiento que contradiga la Palabra de Dios para tu vida o pensamientos en contra de tu vida? Así es como podemos ampliar nuestro territorio a medida que crecemos y nos desarrollamos en nuestro propósito.

Ampliar nuestros territorios implica que ampliemos nuestra capacidad, que es la relación entre nuestra capacidad y nuestro propósito. Si no tenemos la capacidad para contener el propósito, no podremos alcanzar la llamada del destino. El cielo ya no es el límite porque los transbordadores espaciales llevan décadas poniéndose en órbita. Por lo tanto, esfuérzate por engrandecerte, porque el Señor puede disponer que hagamos una cosa determinada en esta temporada y luego avanzar a otra en otro momento. La relación entre tu crecimiento y tu potencial depende completamente de ti. Nadie echará cinco galones de agua en un recipiente que sólo puede contener dos galones de agua, porque la capacidad no está allí. Cuanto más capaces seamos, más se asegurará la profundidad de lo que se nos ha encomendado. No hay que preocuparse: la mejor manera de asegurar nuestra relación de capacidad y desarrollo con nuestro propósito es pedir al Señor que amplíe nuestros territorios y su sabiduría.

La sabiduría viene del Señor en la medida que Él sabe que necesitamos para cumplir nuestro propósito aquí en la tierra. Recientemente escuché a una dama que tiene el título de Entrenadora de Sabiduría. Su título me hizo preguntarme de qué se trataba y cuál es la profundidad y la fuente de la sabiduría que ella posee para impartir como entrenadora a otros. Pero al escucharla, me di cuenta de que su sabiduría no provenía de la fuente divina de Dios, sino que era la sabiduría limitada del hombre. Era sabia a sus propios ojos. Reflexioné sobre la idea de que no era tan sabia como Salomón, cuyos escritos he leído en los Proverbios y el Eclesiastés. Me pareció interesante cuando dijo que dependía de otra persona para que la ayudara a crecer cada vez que se encontraba en un bache y necesitaba orientación. Esa no es la sabiduría que le estoy animando a conseguir. La sabiduría de la que hablo es la sabiduría divina - inspirada por Dios- que fluye continuamente. Cuanto más lo busquemos y pasemos tiempo con Él, más derramará Su sabiduría en nosotros. Su sabiduría es inconmensurable. Su sabiduría hace que la persona más sabia parezca sencilla. La sabiduría de Dios revela lo que está oculto, y nos permitirá resolver los problemas más difíciles, y nos da una aptitud poco común, bien informada y rápida de entender. La sabiduría de Dios es para pedirla. Hay muchas personas brillantes en nuestro mundo, incluido tú mismo, pero todas nuestras mentes brillantes combinadas no pueden compararse con la sabiduría de Dios. Simplemente no somos tan sabios. Por lo tanto, es mejor buscar la sabiduría de Dios si queremos ser sabios.

Salomón pidió sabiduría porque se dio cuenta de la magnitud de la responsabilidad de dirigir la nación de Israel. Esa petición lo convirtió en un líder mundial. Su capacidad de liderazgo era poco común, y su habilidad para resolver problemas era inigualable. Deberíamos recibir nuestras instrucciones del Señor porque cuando Él nos enseña, estaremos ampliando continuamente nuestra capacidad para encajar en el espacio que necesitamos ocupar para funcionar con propósito, a la vez que añadimos al desarrollo de nuestro aprendizaje. Habrá una evolución constante de la relación de crecimiento con el propósito. La sabiduría nos dota de la capacidad de emitir juicios precisos, al tiempo que nos reviste de comprensión. Tiene sentido ser sabio. Es interesante que la Biblia diga que el temor del Señor es el principio de la sabiduría. Si queremos ser sabios, tenemos que temer al Señor. Al hacerlo, obtendremos sabiduría.

Me gusta cómo la sabiduría habla bien de sí misma en Proverbios 8:12-21 (NVI),

"Yo, la sabiduría, convivo con la prudencia y poseo conocimiento y discreción. Quien temer al Señor aborrecer lo malo; yo aborrezco el orgullo y la arrogancia, la mala conducta y el lenguaje perverso. Míos son el consejo y el buen juicio; míos son el entendimiento y el poder. Por mí reinan los reyes y promulgan leyes justas los gobernantes. Por mí gobiernan los príncipes y todos los nobles que rigen la tierra. A los que me aman, les correspondo; a los que me buscan, me doy a conocer. Conmigo están las riqueza y la honora, la prosperidad y los bienes duraderos. Mi fruto es mejor que el oro fino; mi cosecha sobrepasa la plata refinada. Voy por el camino de la

Esos versos de sabiduría son muy atrayentes e incitan al deseo de pedir continuamente a Dios sabiduría. La sabiduría es necesaria para guiarnos con determinación en el camino hacia nuestro destino. La sabiduría nos equipa para ejecutar nuestro propósito sabiamente. Todo lo que hagamos será eficaz gracias a la sabiduría. Elegirla como compañera nos hará agradables al Señor porque el carácter que mostraremos lo representará bien. Sin la sabiduría, nuestro propósito puede causar que nos volvamos orgullosos y actuemos tontamente, así como que manejemos mal nuestro oficio de propósito. El oficio de nuestro propósito debe ser respetado y honrado porque hemos sido llamados por el Señor Dios Todopoderoso para ser Sus embajadores y la gente necesita representaciones auténticas de Dios para emular. La falta de autenticidad causa una falta de confianza en ti y en el cargo en el que has sido llamado a servir. También se refleja mal en el Reino de Dios. La sabiduría nos disuadirá del mal y nos alentará hacia la rectitud. Todas estas cosas son necesarias mientras ejecutamos el llamado de Dios en nuestras vidas. Desde que el Señor conoce la responsabilidad de su llamado en nuestras vidas, hemos sido bien equipados porque la calidad de nuestro carácter importa. Él nos equipa con todo lo necesario mientras estamos en transición a esa posición de propósito.

Mientras estamos en transición, debemos asegurarnos de buscar al Señor por la visión de Su propósito en nuestras vidas. La visión es necesaria porque sin la visión de tu propósito, no podrás ejecutar lo que has sido llamado a hacer de acuerdo con la voluntad de Dios. Usted puede recurrir a la sabiduría y visión de otros en cuanto a cómo debe ejecutar lo que debe hacer y eso puede causarle algunos problemas importantes.

Había una vez un joven que había heredado un trono muy famoso: el trono de Judá. Era el heredero de Salomón y se llamaba Roboam. Desafortunadamente para Roboam, no era tan sabio como su padre y no tenía una visión del liderazgo y de la clase de rey que iba a ser. Sabía que un día sería rey, pero no se preparó para su reinado. Por el relato de su reinado, no parece que se tomara el tiempo de sentarse en presencia de su padre para aprender de él y aplicar algunas de esas sabias enseñanzas.

Un día, muy al principio de su reinado, el pueblo de Israel le pidió que aligerara el duro trabajo y el pesado yugo que Salomón les había impuesto. Pero no comprendió la magnitud de su responsabilidad e influencia como rey. Era un joven insensato y frívolo. Era lo que yo llamaría un joven que estaba lleno de "juventudismo" -con el énfasis en JUVENTUD para una persona joven- que es mi palabra inventada para una persona joven que tiene una actitud de saberlo todo. Alguien cuyo comportamiento es destructivo y que actúa de manera insensata, haciendo todo lo que causa el caos en su vida y en la de los demás, lo que a veces lleva a su desaparición. Así que, volviendo a Roboam: les dijo a los israelitas que volvieran a consultar con él en tres días. Durante ese tiempo, consultó a los ancianos que habían servido a su padre. Sus consejos eran sabios y estaban curtidos por la experiencia; sin embargo, con su exuberancia juvenil y una buena dosis de juventudismo, rechazó los consejos de los ancianos y siguió los de sus jóvenes amigos. Por supuesto, su recomendación contradijo el sabio consejo de los ancianos; consideraron oportuno imponer castigos más severos a los hijos de Israel. Su mal consejo hizo que el pueblo de Israel se rebela contra la casa del rey David hasta el día de hoy.

La preparación es siempre vital para nuestro destino. La sabiduría nos guiará en cuanto a los consejos que debemos buscar. ¿Por qué? Porque el consejo de otros puede hacernos o deshacernos cuando se trata de lograr nuestro propósito al grado que sea posible, así como la efectividad que tendremos y el impacto que tendremos. Por lo tanto, busque un consejo sabio en todo momento, pero siempre asegúrese de que el consejo sea sabio, no a sus propios ojos. Escoge a los que tienen la sabiduría de Dios, ya que ellos pueden guiarte en el cumplimiento de lo que el Señor te ha encomendado.

No escuchar la sabiduría invitará a que nos sobrevenga el desastre, y sufriremos las consecuencias de nuestros caminos. Además, pídele al Señor que te imparta Su sabiduría para que tomes decisiones sabias y seas capaz de discernir lo que es bueno y lo que es malo. En esta época, necesitamos ser capaces de discernir el bien y el mal y dónde debemos asociarnos. La sabiduría te permitirá discernir quién debe asociarse o caminar contigo a lo largo de tu viaje, porque no todos nos dirigimos al mismo lugar. Los compañeros son buenos, pero no todos los compañeros son iguales, ni todos tienen la misma visión. De hecho, "compañero" significa "igual", y puede que seáis compañeros iguales en el mismo grupo de edad, pero no compañeros en lo que se refiere a vuestra visión y llamada. Algunos compañeros se complementan y se animan a perseguir su vocación, mientras que otros se distraen de ella. No lograr lo que hemos sido llamados a hacer nos hará más miserables mientras nos sentimos silenciosamente como fracasados. No vivamos lamentándonos, no todo lo que se pierde se puede recuperar. No hay necesidad de perder el tiempo en *"qué hubiera pasado si"* o *"debería haberme dado cuenta de que ese compañero me hacía perder el tiempo o me hubiera desorientado"*.

Una vez viajé en un vehículo público y había dos jóvenes como compañeros de viaje. Uno de ellos iba con un palo de golf, no porque fuera golfista, sino porque utilizaba el palo en las peleas que protagonizaba con completos desconocidos. Mientras escuchaba su conversación y los relatos de la última pelea, todo lo que podía ver en su futuro era más problemas y eventualmente un encuentro con la ley. Lo que me pareció triste fue que el joven del club sólo veía su comportamiento desviado como algo divertido, mientras que su compañero escuchaba con pocos comentarios, pero ninguno de los dos parecía ser capaz de animar al otro a cambiar sus costumbres.

Son compañeros que están igualmente alineados, ya que se mantienen mutuamente en el camino del acoso y la conducta delictiva. Por supuesto, si el sentido común no se impone, la destrucción es inevitable. No te comprometas tanto con un compañero que te lleve a la destrucción o te distraiga de aquello que sabes que Dios te ha dicho que hagas. Nunca te comprometas más con lo que dice tu par que con lo que dice Dios. Lo único que debe permanecer en tu vida es hacer la voluntad de Dios para tu vida. La compañía de algunos compañeros debe ser desalentada porque el propósito debe ser cumplido. Elimina todo y a todos los que te impiden la grandeza y el propósito de Dios. No seas un "podría haber sido". En vez de eso, sé un desarrollador del propósito de Dios para que puedas entrar en todos los niveles que han sido escritos para que los cumplas. Entonces estarás seguro de escuchar: *"Hiciste bien, siervo bueno y fiel"*. Toma ese lugar que está ordenado para que lo ocupes.

El cambio es necesario para que llegues a todos los niveles, pero tienes que cortar todo lo que obstaculice, distraiga o trate de oponerse a ti o de disuadirte de lo que tienes que hacer. De ninguna manera te estoy diciendo que camines solo, pero tienes que morar donde el Señor quiere que lo hagas, y debes cumplir con el llamado de Dios para tu vida.

Hay muchas cosas que desafiarán tu obediencia al Señor y tu propósito. No seas tonto al alejarte del propósito después de todas las dificultades que has tenido que soportar. No te pierdas tu tan esperada nueva temporada porque eliges rendirte o permanecer en ese lugar, negándote a la transición hacia el propósito por tu elección de alinearte con compañeros que no deberías. Está bien ir por caminos diferentes si ellos no entienden tu nueva realidad, tu nuevo nivel en el Señor. Lo profundo tiene que llamar a lo profundo, y esa profundidad de tu propósito que necesitas ir sólo puede ser encontrada mientras buscas la profundidad del Señor. Solo es alcanzable para aquellos que están dispuestos a ir a las profundidades de sus dificultades con el Señor para que puedan elevarse a mayores alturas con Él. Las nuevas estaciones nacen de los momentos más adversos de la vida de uno, pero son necesarias.

Nuestro propósito es como una semilla que tiene que ser plantada en las profundidades de la tierra y crecer desde su etapa de descanso antes de que pueda florecer en su grandeza. Hay muchas cosas que pueden amenazar el crecimiento de una semilla, como la falta de agua debido a una intensa sequía como consecuencia del cambio climático, las enfermedades, los gusanos y otros insectos o las fuertes lluvias. Estas son sólo algunas de las cosas que amenazan a esa semilla para que salga y dé su fruto. ¿Te has fijado alguna vez en que una semilla procede de una planta pero, aunque es parecida a su planta madre, es diferente a ella? Su capacidad de producir frutos y la abundancia o falta de ellos, así como la calidad de los mismos, dependen de ese árbol, no de su árbol madre o de sus compañeros. Aunque el árbol padre desempeña su papel, no controla su resultado. Cada árbol tiene su propio propósito: algunos son árboles frutales, otros no. Algunos son rompevientos y otros se utilizan como árboles de Navidad. Los hay que evitan la erosión del suelo; además, hay árboles que son mejores para los manglares. Hay árboles que pueden prosperar en un determinado tipo de suelo o temperatura, pero esas condiciones pueden matar a otro tipo de árbol. He dicho todo eso para pintar el cuadro de que todo y todos tienen un propósito único; así que, conoce el tuyo, porque no hay dos árboles iguales aunque sean similares.

Por lo tanto, cada persona tiene que pasar por su estación de transición. Así como la tierra tiene estaciones por las que pasa, creo que nosotros también pasamos por estaciones en nuestras vidas. Nuestras estaciones funcionan de manera diferente a las naturales, pero al igual que las naturales son necesarias, nosotros también necesitamos las estaciones por las que el Señor nos lleva a través del crecimiento espiritual para revelarse a nosotros, así como para acercarnos a Él. Las naturales ocurren dentro de un ciclo de un año; sin embargo, nuestras estaciones no están limitadas por el tiempo. Ocurren de acuerdo a los planes y propósitos de Dios para nuestras vidas. Él determina cuánto durará cada estación. Creo que pasamos por estaciones de siembra, procesamiento, guerra espiritual, espera, transición, cosecha y gozo por una razón.

La transición es una estación necesaria en la que las cosas están sucediendo, pero aún no hemos llegado al final. Es nuestra etapa intermedia. Nuestro avance está en el horizonte; todavía estamos avanzando hacia él. La temporada de transición es una etapa intermedia de desafíos y avances. El cambio se puede sentir y ver a cuentagotas, pero aún no se conoce en su totalidad. En tu temporada de transición, escribe las cosas que el Señor te está revelando que debes hacer. Si lo que el Señor te está revelando no te resulta familiar, acepta el reto y aprende sobre esas revelaciones. Establece metas para lograrlas. Asegúrate de poner una línea de tiempo en cuanto a cuándo quieres hacer las cosas preparatorias, ya sea cuando vas a aprender sobre ellas o cuando vas a poner acción para lograr lo que el Señor te ha llamado a hacer. Es imperativo que actúes sobre lo que crees que estás llamado a hacer; no actuar es no cumplir con tu propósito y tener éxito. Esta es una temporada crucial; recuerda que es el vehículo que te está sacando de la temporada anterior hacia tu avance, así que ponerle piernas a tu propósito revelado durante el proceso de cambio trae consigo el cambio. Sé consciente de los cambios que están ocurriendo dentro de ti y de tu ser interior, porque ésa es tu señal para los cambios que se avecinan. Mantente enfocado en qué y hacia dónde vas y qué debes hacer. Esa es la belleza de la transición: mientras la estación anterior se desvanece, el amanecer de la nueva estación se despierta dentro de nosotros. ¡Oh, el esplendor del cambio!

El cambio parece místico. Ocurre cuando aparentemente no estamos mirando. Es casi como un puf. Entonces tiene lugar. Los cambios se producen como una reorientación y un reposicionamiento de lo que era a lo que debería ser. Los cambios son necesarios para influir en nuestro futuro. Nos ofrecen maravillosas oportunidades para autorrealizarnos y alcanzar nuestro pleno potencial. Todo lo que el Señor ha colocado dentro está ahí para que nos convirtamos y hagamos. Él no los puso ahí para llenarnos de ellos sólo porque quería que estuviéramos llenos de algunas cosas, sino para que realmente encarnáramos todo lo que Él ha ordenado que hagamos. Actualizar es existir de hecho o en la realidad. Por lo tanto, hemos de existir en aquello que Dios ha querido que seamos. Por lo tanto, si el Señor depositó en ti la capacidad de convertirte en un artista de la seda aérea, entonces ese debe ser tu estado real de ser. No hacerlo es no hacer el impacto que eres capaz de hacer y robar a los que están esperando tu impacto.

El cambio es la actualización de impactar a aquellos que están esperando ese toque de gracia que estás posicionado para impartir. Permite que tu cambio active esos potenciales para los que fuiste creado. Además, estate presente a las posibilidades o estarás ausente y perderás las oportunidades. ¿Te imaginas que fuiste creado con el potencial de desarrollar una cura para el ébola o el cáncer, pero el miedo te impidió seguir la investigación médica para poder estar en el lugar que te influiría para desarrollar dicha cura? Como resultado, millones están muriendo debido a tu miedo y desobediencia. Así de importante es lograr el cambio que se te está revelando. Nunca descartes el cambio como insignificante, porque sólo el Señor sabe el impacto para el que te creó. Levántate a tu potencial y bendice al mundo como sólo tú puedes hacerlo. Eres más que capaz porque el Señor te creó así. Es como fuiste hecho por lo que estás destinado a hacer - tus verdaderas habilidades. Todos los sentimientos de incapacidad son pasados ahora; todas las capacidades son abundantes. Da un paso adelante en la novedad; has sido bien equipado con la confianza que resulta del propósito que ha nacido en ti. Al dar un paso hacia adelante, sabe que estás entrando en el lugar al que perteneces. La satisfacción, la esperanza, el contentamiento, la paz y la alegría están ahí mientras el propósito se está cumpliendo.

CAPÍTULO 8

Acción de Gracias, Alabanza y Adoración

"Dios es bueno; Dios es grande. Démosle gracias por todo, amén".

"Den gracias al Señor, porque él es bueno; Su amor perdura para siempre" (Salmo 136:1; NVI).

"A eso de la medianoche, Pablo y Silas se pusieron a orar y a cantar himnos a Dios, y los otros presos los escuchaban" (Hechos 16:25; NVI).

Como pueblo de Dios, la alabanza, la adoración y la acción de gracias son lo que hacemos para mostrar nuestra adoración, nuestro amor y nuestro aprecio, pero cuando nuestra esperanza se ve postergada o estamos pasando por dificultades, estos actos de adulación no se dan tan fácilmente. Es entonces cuando se ponen a prueba nuestras creencias sobre quiénes somos y en quiénes confiamos, a quiénes aceptamos como verdaderos y a quiénes adoramos. Dar gracias mientras nuestra esperanza se posterga requiere la implicación de todo nuestro ser para alabar al Señor y mostrar gratitud por lo que ha hecho, está haciendo y está por hacer. Dar gracias y alabar a Dios mientras tenemos esperanza nos exigirá que dejemos de lado todas las razones egoístas y adoremos a Dios a pesar de nuestra esperanza diferida. Tenemos que elegir conscientemente adorar a la realeza de nuestro Dios y no por el regalo que estamos buscando en su mano. El conocimiento de quién es Dios, así como nuestra relación con nuestro Señor, debe suscitar el deseo de adorar a nuestro Dios. Somos siervos que dan adoración a nuestro Maestro porque Él es digno de ella.

Vemos ejemplos de adoración, alabanza y acción de gracias durante los tiempos más difíciles en el Libro de los Salmos. La adoración del salmista surgió de experiencias como la angustia, la desesperación, el conflicto, la agonía, la acción de gracias por la curación y la liberación. La angustia y la adoración parecen ir de la mano. Me he dado cuenta de que, a veces, la adoración del rey David se construía desde un lugar de quebranto, clamando para que Dios no se callara, para que el Señor escuchara y respondiera, para que el Señor hiciera justicia. Al derramar su corazón ante el Señor, sus súplicas y a veces su ira hacia Dios cambian a santificar a nuestro Gran Yo Soy mientras solidifica su confianza en Él. Dar gracias a Dios, adorarle y alabarle puede ser uno de los encuentros más liberadores que podemos experimentar mientras esperamos que nuestro Dios actúe en nuestro favor.

Adorar al Señor nos permite conectarnos y comunicarnos con él de maneras que las palabras no pueden explicar. Esa íntima comunión espiritual sólo puede experimentarse, no explicarse. Es una experiencia como ninguna otra. Es fácil disfrutar de la música, pero la adoración es una experiencia que surge de lo más profundo de nuestro ser mientras pasamos tiempo con el Señor, incluso en los momentos en que la tempestad arrecia. Es cuando nuestro Señor toma el centro del escenario, y somos cautivados por Su presencia y Reinado. Es ese momento en el que nuestras necesidades, deseos, preocupaciones, esperanzas, anhelos o sueños son ignorados porque Jesucristo tiene toda nuestra atención. Nuestra adoración atrae la atención de Dios cuando buscamos adorar al santo Señor que se sienta en el trono como Rey de reyes y nos deleitamos en su santidad, reconociendo que somos privilegiados porque sólo pudimos entrar en su presencia gracias a la bendición de la muerte de Cristo en la cruz.

Considero un honor adorar al Señor, que sostiene las aguas de la tierra en el hueco de sus manos. ¿Te imaginas que todas las masas de agua estén sostenidas en la concavidad de la mano de Dios? ¡Increíble! Nuestros problemas son simplemente cosas para Él. Cuando miramos toda la creación y las maravillas de la vida, todo lo que ha sido creado fue creado por Él. Dar gracias a Dios, alabarlo y adorarlo son expresiones de nuestra gratitud por quién es Él y por todo lo que ha hecho.

Todavía no he visto a nadie que pueda ignorar por completo la belleza de la creación de Dios, ya sea una hermosa puesta de sol o el amanecer de un nuevo día, el aroma de las flores o algunos actos de creación... impresionantes. Recuerdo la primera vez que vi un árbol en invierno. Aunque estaba desprovisto de sus hojas, se alzaba con sus ramas hacia el cielo, en adoración a nuestro Señor. Incluso los árboles levantan sus ramas en adoración. La naturaleza reconoce su grandeza. Es difícil entrar en la presencia de Dios y no ser transformado. En su presencia, el quebrantamiento se hace completo; los corazones tristes se llenan de alegría. La adoración cambia nuestra perspectiva. Es difícil mantener nuestra postura de duda o aferrarnos a nuestras propias limitaciones. Cuando pasamos tiempo en la presencia de Dios, nuestros temores se disipan, nuestras almas se refrescan, y nos envalentonamos con la esperanza y la fe de que el Señor obrará en nuestro favor. Ha habido numerosas ocasiones en las que me he sentido abrumado con una visión limitada de un resultado positivo debido a que me he sentido ansioso o dudoso y no puedo ver cómo voy a resolver el problema. Sólo cuando acudo al Señor con mis miedos y preocupaciones al final de mi tiempo me siento más que vencedor porque me recuerda que Dios tiene todo bajo control. Todo lo que necesitamos está en Su presencia. Él es la respuesta a nuestras oraciones.

La acción de gracias, las alabanzas y la adoración aligeran nuestros corazones de sus cargas. ¡Oh, la belleza de cantar de Su fidelidad y cantar las escrituras a Él como un recordatorio de Sus promesas a nosotros! Todos los temores desaparecerán.

Las victorias se ganan en nuestras alabanzas y acciones de gracias, sin embargo, adorar y ofrecer acciones de gracias es una de las cosas más difíciles de hacer porque a menudo no creemos que tengamos nada que darle a Dios. Esto se debe al hecho de que estamos atravesando nuestros desafíos personales. Pero dar gracias, así como alabar y adorar a Dios, son armas que necesitamos para librar nuestras batallas. Además, crean la oportunidad de entrar en la presencia de nuestro Padre, dándonos la oportunidad de hacer nuestras peticiones a nuestro Dios. Alabamos al Señor ya sea que estemos afligidos, en bancarrota, hambrientos, desnudos, humillados, solos o experimentando la felicidad y la abundancia.

La vida es imprevisible; rara vez sale como queremos o como la hemos planeado. Viene con giros y vueltas, pruebas y tribulaciones, y retrasos. Sin embargo, mientras soportamos los contratiempos, agradezcamos siempre nuestras pruebas, tribulaciones y esperanzas aplazadas. Demos gracias a Dios por su fruto llamado longanimidad. Este fruto es quizás el menos codiciado y el menos celebrado, pero es un fruto que todos tenemos que dar. Soportar el sufrimiento parece ser un sufrimiento en sí mismo en todo nuestro ser. Dar gracias y alabar a Dios por nuestro sufrimiento son cosas justas. Suponen confiar al Señor lo que nos duele, sabiendo que Él es fiel para sanar todos nuestros quebrantos.

Pero la adoración debe hacerse en espíritu y en verdad. ¿Alguna vez se ha encontrado alabando y adorando al Señor porque se ha enseñado que cuando las alabanzas suben, las bendiciones bajan, sólo para encontrar que después de las sesiones de adoración y alabanza, no vinieron bendiciones? Eso es porque puede haber un poco de engaño en nuestra adoración-nuestra motivación es obtener esa esperanza deseada, así que estamos adorando para recibir las bendiciones de Dios y no porque Él es el León Conquistador en nuestras vidas. La Verdad está ausente cuando lo alabamos únicamente por las bendiciones. La Verdad es Jesús. Él es la verdadera razón de nuestra adoración, pero si estamos adorando a Él, deseando que nuestra esperanza diferida se dé rápidamente, entonces hace que nuestra intención de adorar sea engañosa. Por lo tanto, la verdadera razón que está ausente hace que nuestra adoración suene como ruido para nuestro Señor, a quien estamos esperando complacer, resultando en que nuestra adoración sea rechazada. Incluso podemos creer que lo estamos adorando por ser Él, pero si examinamos nuestros corazones, entonces la verdad será revelada.

También, junto con el hecho de que la verdad para nuestra adoración ha sido extraviada, adoramos en el espíritu para nuestras necesidades. No estamos adorando con la conexión de nuestro espíritu con el Espíritu Santo, sino desde el espíritu de una esperanza diferida o suplicando: "Bendíceme, Señor. Necesito tus bendiciones ahora". Siempre podemos pedir las bendiciones de Dios, y Él nos bendecirá, pero el propósito establecido en nuestros corazones para la adoración es crucial. Podemos adorar intencionalmente al Señor por lo que Él es y podemos tener tiempos de acción de gracias por lo que estamos orando, pero si estamos adorando a Él, pensando que si lo hacemos, seremos bendecidos, ahí es donde estamos equivocando la verdad de nuestra adoración. ¿Es un corazón que está adorando por quién es Él o por lo que necesitamos?

Estamos animados a adorar en espíritu y en verdad. Al hacerlo, experimentamos la belleza de su santidad. Él nos revelará más de sí mismo cuando entremos en el lugar santísimo. Nuestra adoración sin adulterar nos acerca al cielo. Su gloriosa presencia llenará nuestras iglesias mientras adoramos; la sanación, la liberación y la transformación serán la norma en nuestras iglesias.

Una vez fui a un servicio de avivamiento donde los cristianos vinieron de todas partes, al igual que muchas personas enfermas. El orador no oró por nadie; sin embargo, se nos animó como Cuerpo de Cristo a adorar al Señor. Pasamos horas adorando al Señor. Mientras lo hacíamos, podía ver lo que parecía humo llenando el auditorio; la gente era sanada por toda la sala. Senos, costillas y órganos que habían sido removidos volvieron a crecer. Las personas salían de las sillas de ruedas. Personas en camillas eran llevadas directamente desde los hospitales porque el Señor estaba allí sanando cuerpos, almas y espíritus. Estábamos de acuerdo. Creo que la mayoría de nosotros no buscaba lo que Él podía hacer por nosotros. Queríamos la presencia de Jesús, y Él vino y se deleitó con nuestras alabanzas y adoración. Cuando su presencia vino entre nosotros, la vida abundante tuvo lugar. Él ministró a cada persona según su necesidad. Esa fue la manifestación de lo que está escrito en el Éxodo, donde se nos anima a *"adorar al Señor tu Dios, y él bendecirá tu pan y tu agua. "Yo apartaré de ustedes toda enfermedad. En tu país ninguna mujer abortará ni será estéril. ¡Yo te concederé larga vida!"* (Éxodo 23:25; NVI). Eso es lo que sucede cuando adoramos en espíritu y en verdad: Jesús, la Verdad, vendrá a rescatarnos.

Sólo podemos subir a su presencia si tenemos las manos limpias y el corazón puro. El Salmo 24 lo dice muy bien; puedes leerlo cuando quieras. ¿Se imagina si no estuviéramos distraídos por la vida, de modo que pudiéramos pasar horas o incluso días en la presencia del Señor, dejando de lado todas las preocupaciones, excepto adorar a nuestro Señor y Salvador mientras conocemos su corazón, su mente y sus planes para nuestras naciones? Que Él pasara tiempo con nosotros como lo hizo con Adán y Moisés. Ellos eran amigos. Cada vez que alguien venía en contra de Moisés, el Señor iba tras ellos agresivamente por su amigo. Lo mismo ocurrió con Abraham y muchos otros, incluidos nosotros. Es el amante más feroz que conozco. Creo que esa ferocidad es el resultado de nuestra comunión con el Señor y de la expresión de nuestro amor y adoración por Él. A medida que lo amamos en nuestras diversas formas, su fuerte amor responde hacia nosotros en una plétora de formas. Reservemos a propósito momentos en los que podamos alejarnos de nuestro Señor, cuyo amor es tan confiable e incondicional, para mirar su rostro y permanecer en el abrazo de su presencia. Ser envueltos en un lugar de paz, y descanso-descanso para nuestras almas cansadas; un lugar donde somos cautivados por nuestro Señor mientras vemos Su santidad deseando que nos inclinemos y adoremos al unísono con los ángeles mientras cantamos, *"Santo, santo es el Señor Dios Todopoderoso y sólo Él"*. Es a medida que practicamos Su presencia que se nos hace fácil estar en Su presencia.

Nuestra adulación es un arma poderosa. Era costumbre cuando los hijos de Israel iban a la guerra que el Señor les aconsejara que enviaran a Judá por delante porque Judá dirigiría el proceso con alabanza y adoración mientras se dirigían a la batalla. Fue cuando alabaron al Señor que sus batallas fueron ganadas. Los ángeles del Señor se adelantaron a ellos y destruyeron a sus enemigos. A veces, hacían que sus enemigos implosionaran unos sobre otros. La alabanza es un arma que destruye a nuestros enemigos. Es cuando alabamos al Señor que lo despierta para que luche a nuestro favor. Cuando alabamos a nuestro Dios, Él no puede evitar intervenir en nuestro favor. El Señor siempre habita en las alabanzas de su pueblo. El rey Josafat y el pueblo de Judá demostraron la eficacia de esa estrategia de guerra cuando no se enfrentaron a sus enemigos antes de que los adoradores se adelantaran en las alabanzas al Señor su Dios. Hacerlo así garantizó la derrota de sus enemigos. No sólo fueron derrotados sus enemigos, sino que hubo ocasiones en que sus enemigos se derrotaron entre sí. Me he imaginado la batalla así: trompetas sonando, tambores sonando, voces levantadas en adulación, bailarines golpeando sus panderetas. Se eleva la adoración, luego los ángeles que fueron enviados con antelación se unen a la adoración; algunos ángeles desembarcan de las nubes en las que cabalgaban mientras otros llegan volando, y luego se desata la guerra. Nuestra alabanza sujeta el cuello de los enemigos, cortando su oxígeno y debilitando así su fuerza y poder. Cuanto más nos adentramos en la alabanza al Señor, más fuertes nos hacemos, mientras que la fuerza del enemigo se debilita al perder la batalla, liberando así nuestras propiedades.

Imagina conmigo, si quieres, que Satanás tiene lo que es tuyo, y tú decides alabar al Señor en lugar de estar atrapado en las travesuras del enemigo. Mientras estás alabando al Señor, tu alabanza está envolviendo el cuello de Satanás con el mismo efecto que la kriptonita en Superman. El pierde todo efecto en ti, así que huye. Eso es lo que visualizo que sucede cuando persistimos en la acción de gracias, la adoración y la alabanza. El impacto que tiene en Satanás y su reino es la derrota. Nuestra alabanza está cortando su suministro de aire, por así decirlo. Mientras continuamos con determinación y adoración a nuestro Rey (Jesús), Satanás tiene que dejar ir lo que es nuestro. A medida que ofrecemos acción de gracias, adoración y alabanza a nuestro Dios, su ejército se despliega a nuestro favor. En realidad, la batalla no es nuestra; es de Dios. Sólo estamos alabando a nuestro asombroso Dios que ha enviado a sus ángeles para que se ocupen de nuestro enemigo. Al vivir una vida de acción de gracias junto con la adoración y la alabanza, tendremos constantemente un asidero en el cuello de nuestros enemigos. En lugar de que él nos haga sentir temor, tendremos la victoria al recordarle constantemente el poder de Dios en nuestras vidas y que su futuro es bastante sombrío. Nuestra alabanza debe ir al frente en lugar de las preocupaciones, el miedo, la ansiedad, etc., porque hará que se dispersen. No pueden ocupar el mismo espacio. La acción de gracias y la preocupación no son amigas: no pueden relacionarse y no se ven. Una da esperanza y la otra desesperanza; una dice que las cosas cambiarán mientras que la otra dice que seguirán igual. Cuando alabamos a Dios por y a pesar de nuestros desafíos, nuestra perspectiva cambiará. Nos liberamos de los pensamientos y sentimientos de desesperanza. Nuestras mentes se liberan y surge la esperanza. Nuestro Padre es poderoso en la batalla; por lo tanto, tener desafíos nunca es una excusa para estar tristes. Se nos anima a regocijarnos y alegrarnos en exceso. Ser agradecidos tiene un efecto edificante en nosotros; es un estilo de vida saludable para abrazar mientras elevamos una canción espiritual al Señor.

CAPÍTULO 9

Orar Fervientemente

Alguien preguntó una vez: *"¿La oración es tu volante o tu rueda de repuesto?"*. ¿Es un estilo de vida o una reacción desesperada ante nuestros problemas? Nunca debemos adoptar una postura de derrota por las cosas que deseamos. Por el contrario, debemos orar fervientemente mientras esperamos aquello que esperamos. Orar fervientemente porque produce un buen retorno. Estoy seguro de que todos tenemos testimonios de las respuestas de Dios a nuestras oraciones. Nunca debemos desanimarnos o frustrarnos o permitir que la avalancha del enemigo nos sobrepase hasta el punto de dejar de orar. Ora, ora y ora un poco más. Ora en lenguas, ora las escrituras, ora.

Las oraciones inspiran el cambio en nuestras situaciones, y cambia nuestra actitud. Mientras oramos, recordemos lo que Jesús oró a nuestro Padre, que es: *"Abba, Padre, todo es posible para ti"* (Marcos 14:36; NVI). Eso es cierto; todo es posible para nuestro Dios; por lo tanto, mientras oramos, recordemos que Él es nuestro Dios para quien todo es posible, independientemente de lo que estemos orando. Dicho de otra manera, nada es imposible para nuestro Dios. ¿Te imaginas que no hay ninguna dificultad en la que nos encontremos que sea imposible de resolver perfectamente para el Señor? ¡Aleluya! Dios no puede fallar.

Orar es una excelente disciplina en la que debemos participar mientras esperamos nuestros avances, porque nos ayuda a no caer en la tentación, a no meternos en problemas ni a cometer errores. ¿Por qué digo esto? Bueno, hay momentos en los que estamos orando y esperando la resolución de Dios, pero Él parece estar tardando demasiado. Nos desesperamos tanto por nuestros deseos que decidimos ayudar a Dios persiguiendo nuestras propias respuestas, descuidando la voluntad, el propósito y el tiempo de Dios para que sus planes se manifiesten en nuestras vidas. Alguien dijo una vez que la gente desesperada hace cosas desesperadas. No nos desesperemos ni nos pongamos ansiosos; la ansiedad siempre trata de aparecer en medio de la vida, tratando de paralizarnos. Se nos anima a aplastarla con la oración, unida a la acción de gracias.

Debemos hablar con Dios sobre nuestras necesidades mientras oramos para que el Señor nos revele su voluntad, dirección y propósito en nuestras vidas. La voluntad de Dios opera como un control en nuestro espíritu que nos ayuda a no caer. Cuando oramos, podemos estar seguros de que Él está cerca de nosotros. Siempre debemos orar y nunca darnos por vencidos. Alabamos a Dios porque no ha rechazado nuestras oraciones ni nos ha negado su amor porque acepta el arrepentimiento de nuestros pecados; por lo tanto, podemos decir con confianza como David que nuestras oraciones no son de labios engañosos. La oración de los rectos agrada al Señor.

Al orar, no nos convirtamos en el Mar Muerto que sólo recibe de otras masas de agua pero no suministra a ninguna. No sólo debemos ser receptores que se benefician de las oraciones de los santos, sino que también debemos orar por los demás. Deberíamos tener la postura del profeta Samuel, que cuando los israelitas le pidieron que orara por ellos, su respuesta fue: *"En cuanto a mí, que el Señor me libre de pecar contra él dejando de orar por ustedes."* (1 Samuel 12:23; NVI). Es importante orar por los demás. Samuel consideraba un pecado no hacerlo. Es una gran bendición orar por y con otros para creer en Dios y obtener la respuesta a su petición. Ser un socio en el levantamiento de sus cargas es una bendición que es recíproca cuando oramos unos por otros. El Señor escucha cuando oramos y promete que si creemos, recibiremos todo lo que pidamos. Él nos ha dicho que todo el que pide recibe (Mateo 7:8).

A través de la oración y el ayuno, nacen muchas cosas. Hay veces que pensamos que nuestras oraciones no son escuchadas por Dios, pero el Apocalipsis nos dice exactamente lo que sucede con nuestras oraciones. Cuando oramos, se recogen en un cuenco de oro lleno de incienso, que son nuestras oraciones (parece que nuestras oraciones se transforman en incienso). Luego, un ángel se coloca junto al altar y ofrece el humo del incienso y las oraciones suben ante Dios. ¿No es maravilloso? Nuestras oraciones no son aire que cae en alguna parte, sino que todas son escuchadas por el Señor Dios Todopoderoso y Él responde según su voluntad. Por lo tanto, oren fervientemente; sus oraciones suben a su Padre.

CAPÍTULO 10

Con el Aliento Contenido

Hay muchas cosas que espero conseguir y experimentar, pero no son cosas sin las que no pueda vivir. A medida que he ido madurando en edad, he ido pensando en mi futuro hogar. Mi enfoque está cambiando; sigo pensando que las cosas de este mundo no pueden caber en una tumba o cruzar al cielo. No, no me malinterpretes. No tengo prisa por dejar la tierra. Creo que tengo más cosas que hacer por el Señor. Tampoco soy super espiritual, pero mi curiosidad se ha dirigido hacia el cielo. Tengo curiosidad por saber cómo es el cielo. Quiero verlo antes de dejar la tierra; después de todo, muchos hombres en la Biblia lo vieron sin morir. Lo imagino cada vez que leo el Apocalipsis, pero todos estos anhelos y la curiosidad siempre me han hecho mirar internamente. ¿Estoy preparado para ver al Señor? ¿Oiré: *"Hiciste bien, siervo bueno y fiel"*? ¿Es mi esperanza externa? ¿Estoy viviendo una vida que agrada al Señor? ¿Estoy obedeciendo Su Palabra? ¿Amo como dice la Biblia? Siempre he dicho que quiero vivir una vida para Cristo, siendo enseñable y abierto a la reprensión del Señor en mi vida. ¿Estoy tratando a los demás como quiero que me traten o mi nivel de discriminación sigue siendo alto? Es mi deseo que siempre me someta a la reprensión del Señor y obedezca su Palabra. ¿Puedo pedirles que se unan a mí y que persigamos al Señor nuestro Dios con todo nuestro corazón? Lo pregunto porque se acerca un día en que las cosas que queremos hoy no tendrán la misma urgencia. Aun así, la relevancia que Cristo tiene en nuestras vidas permanecerá hoy, mañana y en el futuro. Él nos ha colocado en ese lugar de esperanza diferida para que Él pueda convertirse en nuestra esperanza. Como ciudadanos del Reino de Dios, vivimos una vida de esperanza diferida mientras soportamos este viaje como terrícolas, pero con la promesa de la vida eterna. Al vivir con propósito, concentrémonos en lo que es eterno para que vivamos una vida que agrade al Señor. La verdad es que el Señor suplirá todas nuestras necesidades (Filipenses 4:19). Él obrará todas las cosas para bien (Romanos 8:28) porque ese es su carácter. Él es magnánimo. Sin embargo, no nos consumamos con las cosas que pasan, sino con la respiración contenida, anhelando lo más que Dios tiene para nosotros, las obras más grandes y la profundidad que quiere revelarnos. ¿Cuál es Su propósito para que tu esperanza sea diferida? Tengamos hambre y sed de justicia para que podamos estar llenos de todo lo que necesitamos para la vida y la piedad, el cumplimiento de la esperanza diferida.

EPÍLOGO

La Biblia reveló que esta vida estaría llena de muchos problemas (Juan 16:33). Esto se puede ver en nuestras vidas, así como en las naciones de todo el mundo. Hay terremotos, guerras y enfermedades que asolan nuestras naciones. Incluso mientras escribo esto, el mundo ha contenido la respiración y se está rascando la cabeza debido al nuevo Coronavirus que ha infectado a millones de personas y ha matado a cientos de miles (hasta la fecha) con los más jóvenes infectados sólo horas después del nacimiento. Esa es sólo una enfermedad infecciosa; hay muchas enfermedades contagiosas que asaltan a otras naciones simultáneamente. Todas estas cosas tienen el potencial de robarnos la esperanza, amenazando con hacernos vivir en el miedo o la inseguridad. No olvides nunca que el Señor no te ha dado un espíritu de temor, sino de amor, de poder y de mente sana (2 Timoteo 1:7). Él da paz incluso en medio de la confusión. Por lo tanto, sigamos buscando el Reino de Dios mientras confiamos en que Él nos dará todas las cosas.

Si has leído este libro y el dador de esperanza es un desconocido para ti, te animo a abrir tu corazón al mejor amigo que jamás tendrás, uno que nunca te dejará ni abandonará, y que te ama incondicionalmente. Su nombre es Jesús.

La Palabra de Dios nos dice en Romanos 3:23 (NVI), *"Pues todos han pecado y están privados de la gloria de Dios"*. Esto significa que Dios tiene una norma, pero nuestros pecados han hecho que nos separemos de Él; ya sea en pensamiento, hechos o palabras, hemos fallado en guardar los mandamientos de Dios. Muy a menudo, creemos que si damos a los pobres o a alguna obra de caridad y hacemos algunas buenas acciones, aseguraremos nuestro lugar en el cielo. Pero eso es sólo un intento de salvarnos a nosotros mismos. ¿Puedo decirles algo? No podemos salvarnos a nosotros mismos. La Biblia dice: *" Porque por gracia ustedes han sido salvados mediante la fe; esto no procede de ustedes, sino que es el regalo de Dios, no por obras, para que nadie se jacte."* (Efesios 2:8-9; NVI)

Al igual que todo trabajo requiere un salario, el pecado requiere un pago, y ese pago es la muerte, como se nos enseña en la Biblia en Romanos 6:23 (NVI): "La paga del pecado es la muerte, pero la dádiva de Dios es la vida eterna en Cristo Jesús, nuestro Señor." Gracias al Señor que su misericordia no quiere que perezcamos porque Dios vio que no había nada que pudiéramos hacer para saldar nuestra deuda de pecado. Envió a su Hijo, Jesucristo, para pagar esa pena por nosotros. Romanos 5:8 (NVI) dice: *" Pero Dios demuestra su amor por nosotros en esto: en que cuando todavía éramos pecadores, Cristo murió por nosotros." " Porque Cristo murió por los pecados una vez por todas, el justo por los injustos, a fin de llevarlos a ustedes a Dios. Él sufrió la muerte en su cuerpo, pero el Espíritu hizo que volviera a la vida "* (1 Pedro 3: 18; NVI).

Hasta ahora hemos visto que somos pecadores que no podemos salvarnos a nosotros mismos y que necesitamos un salvador, y que por el amor y la gracia de Dios hacia nosotros, envió a su Hijo, Jesucristo, a morir por nosotros. Entonces, ¿cómo se recibe este don gratuito de Dios? Este regalo sólo se puede recibir por fe, creyendo en Jesucristo. A los que creen en Él, les dio el derecho de convertirse en hijos de Dios. La Palabra de Dios nos dice

> *que, si confiesas con tu boca que Jesús es el Señor y crees en tu corazón que Dios lo levantó de entre los muertos, serás salvo. Porque con el corazón se cree para ser justificado, pero con la boca se confiesa para ser salvo. (Romanos 10:9-10; NVI).*

Es así de simple. Se nos asegura en las Escrituras que después de haber hecho eso, tenemos vida eterna, *" Les escribo estas cosas a ustedes que creen en el nombre del Hijo de Dios, para que sepan que tienen vida eterna."* (1 Juan 5:13; NVI), y *"Ciertamente les aseguro que el que oye mi palabra y cree al que me envió tiene vida eterna y no será juzgado, sino que ha pasado de la muerte a la vida."* (Juan 5:24; NVI). Recibir el don de la vida eterna de Dios cambia tu vida para bien. Permitir que Dios, el dador de esperanza, entre en la vida de uno, es el comienzo de conocerse realmente a uno mismo, sus pasiones y su propósito. Él te revelará Sus planes y propósitos para tu vida y te guiará a través de tus días. A medida que busques el reino de Dios y persigas la justicia, Él te bendecirá, te procesará y te mantendrá en Su lugar de esperanza. Él establecerá tiempos señalados para ti. Sin embargo, Él hace todo eso y más para que usted se convierta continuamente en un reflejo de Él y en la encarnación de Su propósito. Nuestro deber en la vida es amar al Señor nuestro Dios con todo nuestro ser, amar a nuestro prójimo como a nosotros mismos y vivir según la Palabra de Dios (Mateo 22:36-39). Al hacerlo, seremos conducidos al centro de la voluntad de Dios y nuestro anhelo se cumplirá.

Si estás listo para comenzar esta hermosa relación con Jesucristo, por favor reza esta pequeña oración, y luego te animo a pedirle al Señor que te dirija a la iglesia de la que Él quiere que formes parte.

Una Oración de Salvación

Señor Jesús, vengo ante ti, reconociendo que soy un pecador. Tu Palabra dice que si confieso con mi boca que Jesús es el Señor y creo en mi corazón que Dios te resucitó de entre los muertos, seré salvado. Hoy, confieso con mi boca que Tú eres el Señor, y creo en mi corazón que Dios te resucitó de entre los muertos. Hoy, te pido que vengas a mi vida para ser mi Señor y Salvador. En tu nombre, te lo pido, Señor Jesús. Amén.

Que el Señor bendiga tu relación con Él, y que tengas hambre y sed de justicia mientras buscas expandir el Reino de Dios como miembro responsable del Cuerpo de Cristo.

Bendiciones.

REFERENCIAS

Heinemann English Dictionary. Editado por Harber, Katherine & Payton Geoffrey et al. (Halley Court, Jordan Hill, Oxford OX2 8EJ: Heinemann Educational Books Ltd.1979)
Santa Biblia, Nueva Versión Internacional, NVI, (Bíblica Inc., USA. ,2015)

Introducción
Hebreos 4:16
Santiago 1:4
Santiago 1:12
Santiago 4:3
Job 13:21
Job 23-2-4
Levítico 26:10
Proverbios 13:12

Capítulo 1: La Pena es Mejor Que La Risa
Eclesiastés 7:3
Eclesiastés 7:1-2
Eclesiastés 7:4
Salmo 16:11
Salmo 56:8
Llorar- Wikipedia-https://en.m.wikipedia.org 20 de Diciembre de 2019.
Lynne A. Barker, Universidad Sheffield Hallam, 27 de Abril de 2017. The Conversation. La ciencia de la risa y por qué también tiene un lado oscuro.

Theconversation.com. http://the
    conversation.com.
Eclipse lunar- Wikipedia- https://en.mwikipedia.org.
    17 de julio de 2019
Depresión sonriente-https://www.nami.org. 2 de
    septiembre de 2016.
 La Edad. La risa bien puede ser la mejor medicina. 13
    de enero de 2006.
    (https://www.theage.com.au/article/2006/
La anatomía del dolor: Una perspectiva espiritual,
    fenomenológica y neurológica. Ronald Pies,
    Philos Ethics Humanit Med 2008. Publicado
    en línea el 17 de junio de 2008.
    https://www.ncbi.nih.gov.
Yoshikawa Y, Ohmaki E, Kawahata H, et al. Efecto
    beneficioso de la terapia de la risa en la función
    fisiológica y psicológica en los ancianos.
    Nursing. Publicado en línea el 18 de julio de
    2018. (https://www.ncbi.nlm.nih.gov.)

Capítulo 2: Naomi Habla

Moabite/People/Britannica.com. Encyclopedia
    Britannica, Inc 2019. Consultado el 8/2/2019
    (https://www.britannica.com)
Mayo Clinic- Afección pseudobulbar- Síntomas y
causas. May 16, 2018. https://www.mayoclinic.org
Libro de Rut
Éxodo 20:5
Deuteronomio 23:6
Génesis 19:30-38
Hebreos 12:7-13
Job 7

Juan 15:2
1 Reyes 11:1-7
Levítico 19:9-10
Levítico 23:15-22
Números 25
1 Pedro 4:19
2 Pedro 2:7-8
Ru

Capítulo 3: El proceso de crecimiento

1 Corintios 13:4-7
2 Corintios 4:8-9
2 Corintios 4:17
Eclesiastés 9:12
Éxodo 24:9-11
Gálatas 5:22
Hageo 1:7
Hebreos 12:7-12
Números 20:7:12
Romanos 12:17-21

Capítulo 4: El tiempo señalado por Dios

1 Crónicas 4:9-10
1 Corintios 10:13
Daniel 11:27
Eclesiastés 3:1-8
Eclesiastés 9:11
Éxodo 12:40-42
Génesis 15-18
Génesis 18:13-14
Génesis 21:2
Isaías 49:4, 24

Isaías 56:4-5

Isaías 62:6b-7ª

Santiago 5:16

Jeremías 33:20-21

2 Reyes 4

Lucas 2:25-38

Proverbios 24:10

1 Samuel 1-2

400 años y 430 años de rompecabezas al Éxodo.
www.Bibleinsight.com. Consultado el 22-3-2019

Herramientas bíblicas -430 años. Comentario del precursor. https://www.Bibletools.org

La Verdad de Dios- ¡Restauración del cristianismo original para hoy! Los 430 años de Gálatas 3:17" Éxodo 12:40 por Carl D. Franklin 20015. http://ww.cbcg.org.

Rawlinson, George M.A. REV. Et al. The Pulpit Commentary. Exodus. Vol 1, Nueva Edición. Funk " Wagnalls Company Londres y Nueva York

Wright, David. ¿Cuánto tiempo estuvieron los israelitas en Egipto? (5 de julio de 2010.) (https://answersingenesis.org)

Capítulo 5: Maldiciones

Hechos 5

Deuteronomio 28:15-68

Deuteronomio 27:15-26.

Deuteronomio 30:11, 14, 15 y 19

Gálatas 5:15

Hebreos 10

Jeremías 32:39
Jeremías 33
Lucas 6
Salmo 30:5
Salmo 111:10
Apocalipsis 3:14-21
1 Samuel 2:25

Capítulo 6: La esperanza
1 Corintios 6:7
Eclesiastés 9:4
Salmo 25:3
Salmo 146
Romanos 8:20
Zacarías 3:9
Zacarías 4:10
Zacarías 9:12

Clinton, Timothy Dr, Ohlschlager, George Dr.
     Consejería Cristiana Conpetente para el Siglo
     21 -Fundamentos " Prácticas de Cuidado
     Compasivo del Alma. 2006. WaterBrook Press.
     USA.

Collins, Gary R, Consejería Cristiana – Una Guía
     Completa, 2007. Thomas Nelson Publishers,
     USA.

Strong, James, Concordancia Comprensiva de Strong
     de la Bibla. World Bible Publishers, Inc. Iowa
     Falls, Iowa.

Freeletics GmBH 2019, Las hormonas de la felicidad:
     Cómo el entrenamiento te hace feliz (2019).
     Blog. www.freeletics.com

Números 2:9
Salmo 136:1

Capítulo 9: Orar Fervientemente
Deuteronomio 4:7
Marcos 9:29
Marcos 14:36
Mateo 7:7-8
Mateo 21: 22
1 Samuel 12:19 y 23
1 Pedro 3:12
Proverbios 15:8
Salmo 66:20
Apocalipsis 5:8
Apocalipsis 8:3-4